Les 100 meilleures recettes aux pommes

Données de catalogage avant publication (Canada)

Huot, Juliette, 1921 -
    Les 100 meilleures recettes aux pommes

    ISBN 2-7604-415-3
    1. Cuisine (Pommes). I. Titre. II. Titre: Les
cent meilleures recettes aux pommes.

TX813.A6H86 1992   641.6'411   C92-097065-6

Photo de la couverture: Beau Regard
Conception graphique et montage: Olivier Lasser

ISBN 2-7604-415-3

Dépôt légal: troisième trimestre 1992

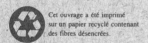
Cet ouvrage a été imprimé
sur un papier recyclé contenant
des fibres désencrées.

IMPRIMÉ AU QUÉBEC (CANADA)

JULIETTE HUOT

Les **100** meilleures recettes aux **pommes**

Préface

Aliment sain par excellence, la pomme est au cœur de l'activité du Centre d'interprétation de la pomme du Québec (CIPQ).

Juteuse, sucrée ou surette, rouge ou verte, d'été ou d'automne, la pomme est cultivée en plus de 40 variétés, toutes plus appétissantes les unes que les autres.

La compilation des recettes faites par le CIPQ naît d'une belle collaboration avec les gens de Rougemont, collaboration qui remonte à plusieurs années. Au gré de leurs voyages et de leurs rencontres, pomiculteurs et organismes découvrent de nouvelles façons d'appêter la pomme. Les recettes qu'ils nous donnent proviennent parfois d'aussi loin que l'Europe. Elles intègrent également divers sous-produits de la pomme tels que le cidre, le vinaigre de cidre, le sirop, la gelée, etc.

La cuisine à base de pommes, c'est tout un univers à savourer et c'est avec le plus grand plaisir que nous collaborons à ce livre en y présentant une quarantaine de recettes retenues par Mme Juliette Huot. Et, question de mettre en lumière le fait que la pomme n'est pas uniquement bonne en dessert, nous avons tenu à présenter des recettes où elle devient la complice des entrées, des soupes et des salades, des différentes volailles, des poissons et de plusieurs viandes.

De l'entrée au dessert, la pomme est sans contredit un aliment des plus agréables à croquer. Laissez-vous tenter!

Renée-Johanne Campeau
directrice

Centre
d'interprétation
de la pomme
du Québec

Rougemont

Les 100 meilleures recettes aux pommes

Petits et grands déjeuners

PAIN AUX POMMES
1 pain

2	œufs	2
500 ml	de préparation à biscuits *tea bisks*	2 tasses
175 ml	de cassonade	3/4 de tasse
5 ml	d'épices pour tartes aux pommes	1 c. à thé
250 ml	de flocons d'avoine (gruau)	1 tasse
250 ml	de pommes pelées et râpées	1 tasse
1/2 ml	de sel	1/8 de c. à thé
75 ml	d'huile végétale	1/4 de tasse
75 ml	de lait	1/4 de tasse
2 ml	de bicarbonate de soude	1/2 c. à thé
125 ml	de noix hachées	1/2 tasse

Battre les œufs et ajouter les autres ingrédients. Bien battre jusqu'à l'obtention d'un mélange lisse. Incorporer les noix. Placer dans un moule à pain de grandeur ordinaire et cuire 1 heure à 180 °C (350 °F). Pour servir, couper en tranches.

CRÊPES AUX POMMES
8 crêpes

2	œufs	2
375 ml	lait	1 1/2 tasse
125 ml	de farine blanche	1/2 tasse
125 ml	de fariné de sarrasin	1/2 tasse
75 ml	de germe de blé	1/4 tasse
	beurre	
2	pommes, tranchées	2

Battre ensemble les œufs et le lait. Ajouter les farines et le germe de blé en continuant à mélanger.

Dans une poêle, chauffer un peu de beurre. Verser un peu de pâte pour faire une crêpe d'épaisseur moyenne. Disperser des tranches de pommes dans la pâte. Cuire doucement des deux côtés.

Servir avec du sirop de pommes.

CRÊPES FARCIES AUX POMMES, JAMBON ET GRUYÈRE

8 crêpes

2	œufs	2
375 ml	de lait	1 1/2 tasse
125 ml	de farine blanche	1/2 tasse
125 ml	de farine de sarrasin	1/2 tasse
75 ml	de germe de blé	1/4 de tasse
	beurre	
2	pommes tranchées	2
8 tranches	de fromage gruyère	8 oz
8 tranches	de jambon	8

Battre les œufs et le lait. Ajouter les farines et le germe de blé en continuant à mélanger.

Dans une poêle, chauffer un peu de beurre. Verser une mince couche de pâte dans la poêle et faire dorer un côté. Tourner la crêpe, ajouter des pommes sur la moitié de la crêpe, y déposer une tranche de jambon et parsemer de fromage gruyère râpé. Replier la crêpe en deux et faire dorer les deux côtés.

PIZZA AUX POMMES
10 portions

375 ml	de farine	1 1/2 tasse
10 ml	de poudre à pâte	2 c. à thé
5 ml	de sel	1 c. à thé
45 ml	de graisse végétale	3 c. à soupe
175 ml	de lait environ	3/4 de tasse
15 ml	de beurre fondu	1 c. à soupe
750 ml	de pommes pelées, tranchées	3 tasses
250 ml	de sucre	1 tasse
75 ml	de pacanes hachées	1/4 de tasse
2 ml	de cannelle	1/2 c. à thé
5 ml	de zeste d'orange	1 c. à thé
10	cerises au marasquin en moitiés	10

Tamiser la farine, la poudre à pâte et le sel. Ajouter la graisse végétale de la même manière que pour une croûte de tarte. Incorporer le lait pour obtenir une pâte molle. Déposer sur une surface enfarinée et la pétrir pendant 30 secondes. Abaisser et former un cercle pour couvrir le fond d'une assiette de 33 cm (13 po). Façonner le rebord avec les doigts.

Étendre le beurre fondu et disposer les pommes. Mélanger le sucre, les pacanes, la cannelle et le zeste d'orange, étendre uniformément sur les pommes. Décorer avec les moitiés de cerises au marasquin et cuire à une température de 180 °C (350 °F) de 20 à 25 minutes ou jusqu'à ce que les pommes soient tendres et la croûte dorée.

MÜESLI AUX POMMES
4 portions

4	pommes	4
125 ml	de céréales granola	1/2 tasse
75 ml	de raisins de Corinthe	1/4 de tasse
1	orange (zeste et jus)	1
1	citron (zeste et jus)	1
1	banane en tranches	1
	lait	

Peler et évider les pommes. Les râper et les asperger de citron. Mélanger tous les ingrédients et servir aussitôt dans des bols individuels, couvert de lait.

OMELETTE AUX POMMES DU LANGUEDOC

4 portions

4	œufs	4
250 ml	de crème 35 %	1 tasse
75 ml	d'amandes pulvérisées	1/4 de tasse
75 ml	de sucre	5 c. à soupe
1	pincée de sel	1
4	pommes pelées, en quartiers minces	4
45 ml	de beurre	3 c. à soupe
4	blancs d'œufs	4
	liqueur pour flamber si désiré	

Battre ensemble les œufs, la crème, les amandes, 45 ml (3 c. à soupe) de sucre et le sel.

Faire sauter les pommes dans 15 ml (1 c. à soupe) de beurre, 1 minute; ajouter 30 ml (2 c. à soupe) de sucre pour les caraméliser. Mettre de côté.

Fouetter les blancs d'œufs en meringue.

Mettre dans une poêle 15 ml (1 c. à soupe) de beurre; lorsqu'il est brûlant, y verser la moitié de la préparation pour l'omelette. Cuire au four à 180 °C (350 °F) environ 5 minutes. Cuire de la même façon une deuxième omelette.

Dresser sur un plat pouvant aller au four la première omelette, y étaler les pommes, couvrir de la deuxième omelette, recouvrir de la meringue.

Dorer au four sous le gril, 1 minute, et flamber si désiré avec la liqueur.

OMELETTE AUX POMMES
4 portions

4	pommes	4
75 ml	de beurre	5 c. à soupe
75 ml	de sucre	5 c. à soupe
15 ml	de cannelle	1 c. à soupe
1	zeste de citron	1
	poivre	
8	œufs	8

Peler, évider les pommes et les couper en quartiers fins. Les faire sauter 10 minutes dans 30 ml (2 c. à soupe) de beurre en remuant. Ajouter 60 ml (4 c. à soupe) de sucre, la cannelle, le zeste de citron et un peu de poivre.

Battre les œufs avec 5 ml (1 c. à thé) de sucre seulement. Verser dans la poêle avec le reste du beurre fondu et cuire à feu doux, jusqu'à ce que la préparation soit consistante.

Étaler les pommes. Plier, saupoudrer de sucre. Servir aussitôt.

TARTINES DE POMMES ET CANNELLE GRILLÉES
4 portions

4	grandes tranches de pain de campagne	4
2	pommes pelées et tranchées	2
45 ml	de beurre	3 c. à soupe
5 ml	de jus de citron	1 c. à thé
10 ml	de cannelle	2 c. à thé
20 ml	de cassonade	4 c. à thé

Dans une petite casserole, combiner les pommes, le beurre et le jus de citron. Cuire à feu doux pendant 5 minutes. Laisser tiédir.

Faire griller le pain, retirer la partie croûtée et y répartir également 4 parts du mélange des pommes. Combiner la cannelle et la cassonade et en parsemer les pommes. Placer sous le gril, 1 minute en surveillant bien, jusqu'à ce que le sucre ait fondu.

MUFFINS AUX POMMES ET AUX NOIX

24 muffins

500 ml	de farine	2 tasses
125 ml	de sucre	1/2 tasse
2 ml	de sel	1/2 c. à thé
15 ml	de poudre à pâte	1 c. à soupe
1	pincée de muscade	1
2 ml	de cannelle	1/2 c. à thé
1	œuf	1
250 ml	de lait	1 tasse
125 ml	de beurre fondu	1/2 tasse
250 ml	de pommes râpées	1 tasse
250 ml	de noix hachées	1 tasse

Chauffer le four à 190 °C (375 °F). Tamiser tous les ingrédients secs. Battre l'œuf, le lait et le beurre et ajouter au premier mélange. Bien battre pour que le mélange soit lisse. Ajouter les pommes et les noix. Remplir les moules à muffins graissés aux deux tiers. Cuire environ 30 minutes.

Les 100 meilleures recettes aux pommes

Hors-d'œuvre, entrées et potages

CANAPÉS DE CREVETTES ET DE POMMES
Environ 40 canapés

30 ml	de beurre	2 c. à soupe
1	petit oignon rouge haché fin	1
15 ml	de persil	1 c. à soupe
6	pommes moyennes évidées, pelées et hachées	6
125 g	de crevettes décortiquées et nettoyées	4 oz
10	champignons nettoyés et hachés fin	10
1	poivron rouge haché	1
	sel et poivre	
	pain ou muffins anglais	
	zeste de citron et menthe pour la décoration	

Mayonnaise au cari:

1	jaune d'œuf	1
15 ml	de moutarde de Dijon	1 c. à soupe
15 ml	de cari	1 c. à soupe
125 ml	d'huile d'olive	1/2 tasse
	le jus de 1/2 citron	
	sel et poivre	

Faire fondre le beurre dans un poêlon jusqu'à l'apparition d'écume. Ajouter l'oignon, le persil, les pommes et assaisonner au goût. Cuire pendant 3 minutes à feu moyen. Ajouter tous les autres ingrédients, rectifier l'assaisonnement et cuire de 3 à 4 minutes de plus à feu moyen. Retirer du feu et laisser le mélange refroidir.

Pendant ce temps, préparer la mayonnaise au cari. Mettre le jaune d'œuf, la moutarde et le cari dans un petit bol et bien mélanger. Incorporer en un filet fin l'huile d'olive. Ajouter le jus de citron. Assaisonner.

Ajouter au mélange de crevettes et de pommes.

Servir sur des petites rondelles de pain grillé ou sur des muffins anglais miniatures. Garnir de zeste de citron et de feuilles de menthe.

CANAPÉS DE POMMES AU PÂTÉ DE POULET

50 canapés

50 ml	de raisins secs	1/4 de tasse
30 ml	de cognac	2 c. à soupe
225 g	de foies de poulet	8 oz
45 ml	de beurre	3 c. à soupe
1	gousse d'ail écrasée	1
5 ml	de sel	1 c. à thé
	poivre au goût	
2 ml	de thym	1/4 de c. à thé
30 ml	de graisse de canard ou de beurre clarifié	2 c. à soupe
8	pommes	8
	persil ou cresson pour la décoration	

Faire tremper les raisins secs dans le cognac pour les faire gonfler.

Faire sauter les foies de poulet dans la moitié du beurre, au plus 5 minutes. Les passer au mélangeur pour en faire une purée.

Retirer les raisins du cognac. Déglacer le poêlon avec le cognac. Ajouter l'ail, le sel, le poivre et le thym. Faire revenir à feu vif 1 minute et ajouter à la purée de foies en même temps que le beurre restant. Battre jusqu'à consistance lisse.

Verser dans une terrine, mélanger les raisins secs, bien tasser et couvrir de graisse de canard. Sceller et réfrigérer pendant 2 jours.

Sans les peler, couper les pommes en tranches, retirer le cœur. Asperger de citron pour les empêcher de brunir. Tartiner de pâté et décorer de persil ou d'une feuille de cresson.

POMMES FARCIES AROMATISÉES AU COGNAC

4 portions

4	pommes surettes	4
30 ml	d'huile	2 c. à soupe
4	échalotes françaises hachées	4
100 ml	de champignons émincés	1/3 de tasse
50 g	de jambon cru haché	2 oz
100 g	de chair à saucisse	4 oz
15 ml	de farine	1 c. à soupe
50 ml	de crème 35 %	1/4 de tasse
30 ml	de cognac	2 c. à soupe

Laver les pommes, les couper en deux et les évider.

Faire fondre les échalotes dans l'huile. Ajouter les champignons, le jambon, la chair à saucisse. Cuire 10 minutes à feu vif en remuant. Saupoudrer de farine. Verser la crème et le cognac. Remplir les pommes de la préparation. Les disposer dans un plat à gratin beurré. Cuire au four à 160 °C (325 °F) durant 30 minutes. Servir chaud.

CHAMPIGNONS FARCIS AUX POMMES
6 portions

Marinade:

125 ml	de cidre	1/2 tasse
30 ml	de kirsch	2 c. à soupe
30 ml	d'huile	2 c. à soupe
30 ml	d'échalote française hachée	2 c. à soupe
2 ml	de thym frais	1/2 c. à thé
1/2 ml	de clou de girofle en poudre	1/8 de c. à thé
1	feuille de laurier	1
	sel et poivre	
500 ml	de mie de pain en cubes	2 tasses
30 ml	de beurre	2 c. à soupe
45 ml	d'échalote française hachée	3 c. à soupe
125 ml	d'oignon haché	1/2 tasse
125 ml	de purée de pommes	1/2 tasse
18	gros champignons	18
30 ml	de beurre	2 c. à soupe
30 ml	de chapelure	2 c. à soupe
18	croûtons (facultatif)	18

Préparer la marinade en mélangeant ensemble le cidre, le kirsch, l'huile, l'échalote, le thym, le clou de girofle, la feuille de laurier, le sel et le poivre. Y tremper la mie de pain pendant quelques minutes.

Faire fondre le beurre dans une grande poêle et y faire suer l'échalote et l'oignon. Ajouter la purée de pommes. Retirer la mie de pain de la marinade et incorporer cette mie au mélange.

Pour assécher la farce, cuire sur un feu moyen pendant quelques minutes.

Détacher les queues des champignons, les hacher et les ajouter à la farce.

Badigeonner les champignons de beurre, les remplir de farce, les saupoudrer de chapelure, puis les déposer sur une plaque en métal et les faire cuire au four à 180 °C (350 °F) pendant 10 minutes.

Servir les champignons chauds, tels quels ou sur des croûtons.

LE SARRASIN ST-MICHEL
4 portions

Crêpes:

175 ml	de farine de sarrasin	3/4 de tasse
1	pincée de sel	1
1	pincée de poivre	1
250 ml	de lait	1 tasse
250 ml	d'eau	1 tasse
2	œufs	2
15 ml	d'huile	1 c. à soupe
	calvados (facultatif)	
	beurre pour la cuisson	

250 ml	de compote de pommes non sucrée	1 tasse
1	tomate pelée, coupée en dés	1
15 ml	de beurre	1 c. à soupe
1	poireau (partie verte seulement) émincé	1
250 ml	de crème 35 %	1 tasse
	sel, poivre	
	fromage Saint-Benoît râpé	

Mettre tous les ingrédients secs dans un bol. Battre ensemble le lait, l'eau, les œufs, l'huile et le calvados. Verser sur la farine et battre jusqu'à l'obtention d'un mélange lisse. Laisser reposer environ 2 heures au réfrigérateur avant de cuire.

Faire cuire 4 crêpes dans une poêle chaude avec un peu de beurre.

Étendre sur chaque crêpe un peu de compote de pommes. Mettre au centre quelques dés de tomate. Rouler les crêpes. Déposer dans un plat allant au four.

Faire suer au beurre le vert de poireau. Verser la crème, saler, poivrer. Laisser bouillir jusqu'à épaississement.

Verser la sauce sur les crêpes et recouvrir de fromage. Mettre au four pour gratiner.

POTAGE AUX POMMES ET À L'OIGNON

4 à 6 portions

500 ml	d'oignons hachés	2 tasses
30 ml	de beurre	2 c. à soupe
500 ml	de pommes évidées, pelées et coupées	2 tasses
2	gousses d'ail émincées	2
2 ml	de thym	1/2 c. à thé
1	feuille de laurier	1
5 ml	de coriandre	1 c. à thé
1 l	de bouillon de poulet	4 tasses
75 ml	de crème 35 %	1/4 de tasse
	sel et poivre	
15 ml	de menthe fraîchement hachée	1 c. à soupe

Faire revenir les oignons dans le beurre pendant quelques minutes. Ajouter les pommes, l'ail, le thym, le laurier, la coriandre et faire cuire 10 minutes environ ou jusqu'à ce que les oignons soient dorés. Ajouter le bouillon et porter à ébullition. Baisser le feu, couvrir et laisser mijoter de 15 à 20 minutes. Ajouter la crème et laisser mijoter 1 minute. Vérifier l'assaisonnement. Passer au mélangeur.

Servir chaud ou froid. Décorer de menthe fraîchement hachée.

Les 100 meilleures recettes aux pommes

Salades

SALADE DE CAROTTES AUX POMMES ET AU GRUYÈRE

4 portions

Vinaigrette:

90 ml	d'huile de noisette	6 c. à soupe
15 ml	de vinaigre de cidre	1 c. à soupe
15 ml	de jus de citron	1 c. à soupe
15 ml	de jus de pomme concentré	1 c. à soupe
45 ml	de bouillon de légumes	3 c. à soupe
	sel d'épices, sel et poivre	

2	carottes	2
2	pommes évidées en quartiers fins	2
1	oignon émincé	1
25	noisettes hachées	25
50 g	de gruyère en bâtonnets	2 oz
75 ml	de persil haché	1/4 de tasse
1	pomme en tranches et aneth pour la décoration	1

Dans un bol, fouetter l'huile, le vinaigre, le jus de citron, le jus de pomme concentré, le bouillon de légumes, le sel d'épices, le sel et le poivre.

Laver les carottes et, sans les peler, les râper.

Dans un saladier, mélanger les carottes, les pommes, l'oignon, les noisettes, le gruyère et la vinaigrette. Ajouter le persil, saler et poivrer.

Disposer joliment la salade sur les assiettes. Garnir de tranches de pomme et d'aneth.

SALADE AUX POMMES WALDORF

10 portions

6	pommes rouges en dés	6
1	avocat en dés	1
75 ml	de jus de citron	1/4 de tasse
250 ml	de raisins verts en moitiés	1 tasse
250 ml	de céleri en dés	1 tasse
250 ml	de pacanes hachées	1 tasse
3	clémentines en quartiers	3
	un peu de mayonnaise	
	laitue	
	noix de coco râpée	

Mélanger les pommes et l'avocat, arroser de jus de citron et bien remuer. Ajouter les autres ingrédients et laisser reposer au réfrigérateur.

Au moment de servir, placer dans un saladier garni de laitue. Mettre juste assez de mayonnaise pour que les fruits collent ensemble. Décorer avec un peu de noix de coco râpée.

SALADE DE BETTERAVES AUX POMMES ET AUX NOIX

4 portions

Vinaigrette:

15 ml	de jus de citron	1 c. à soupe
45 ml	de vinaigre de cidre	3 c. à soupe
15 ml	de jus de pomme concentré	1 c. à soupe
125 ml	d'huile de noix	1/2 tasse
50 ml	de bouillon de légumes	1/4 de tasse
	sel d'épices, sel et poivre	

2	pommes en cubes	2
4	betteraves en cubes	4
1	ciboule émincée	1
10	noix	10
1	botte de cresson frais	1

Pour la vinaigrette, dans un grand saladier, fouetter ensemble le jus de citron, le vinaigre, le jus de pomme concentré, l'huile et le bouillon de légumes. Ajouter une bonne pincée de sel d'épices, le sel et le poivre.

Ajouter les pommes, les betteraves et la ciboule à la vinaigrette. Hacher finement 8 noix (en garder 2 pour la décoration) et les mélanger à la salade. Laisser reposer 1 heure.

Laver soigneusement le cresson. Égoutter et disposer sur 4 assiettes. Déposer 4 parts de salade au centre et décorer d'une demi-noix.

SALADE DE POMMES ET DE CHOU

4 portions

15 ml	de sucre	1 c. à soupe
5 ml	de farine	1 c. à thé
2 ml	de moutarde en poudre	1/2 c. à thé
15 ml	d'huile	1 c. à soupe
45 ml	d'eau	3 c. à soupe
45 ml	de vinaigre	3 c. à soupe
	quelques gouttes de jus de citron	
1/2	chou finement émincé	1/2
3	pommes évidées et émincées	3
45 ml	de crème sure	3 c. à soupe
	sel et poivre	
50 ml	de graines de tournesol	1/4 de tasse

Dans un petit bol, mélanger le sucre, la farine et la moutarde sèche. Incorporer l'huile. Verser le mélange dans une casserole et y ajouter l'eau et le vinaigre. En remuant, arroser de jus de citron. Porter à ébullition et prolonger la cuisson pendant 2 minutes.

Mettre le chou vert dans un bol, saler et poivrer. Verser la vinaigrette encore chaude sur le chou, bien enrober et laisser s'imprégner pendant 15 minutes.

Incorporer les pommes et la crème sure. Assaisonner au goût. Parsemer des graines de tournesol et servir.

SALADE DE CHOU ET DE POMMES AU GOUDA

6 portions

75 ml	de raisins de Corinthe	1/4 de tasse
2	pommes	2
	le jus d'un citron	
250 ml	de chou	1 tasse
175 ml	de gouda râpé	3/4 de tasse
75 ml	de noix hachées	1/4 de tasse
2	carottes râpées	2
125 ml	de crème 15 %	1/2 tasse
	sel et poivre	
	persil	

Faire gonfler les raisins dans de l'eau tiède. Peler les pommes, les râper et les asperger de jus de citron. Trancher finement le chou, puis le blanchir à l'eau bouillante salée, pendant 5 minutes. Égoutter.

Dans un saladier, mélanger les pommes, le chou, le fromage, les noix, les raisins, les carottes et la crème fraîche. Saler et poivrer.

Servir la salade parsemée de persil haché.

SALADE D'ENDIVES AUX POMMES
4 portions

3	endives	3
2	pommes	2
	le jus d'un citron	
45 ml	d'huile	3 c. à soupe
30 ml	de vinaigre	2 c. à soupe
	sel et poivre	
50 g	de noix hachées	1/4 de tasse
	ciboulette	

Laver rapidement les endives. Enlever la partie amère de la base, puis les couper en lanières. Découper les pommes en petits cubes et les asperger de jus de citron.

Dans un saladier, préparer une vinaigrette avec l'huile, le vinaigre, le sel et le poivre. Ajouter les endives, les noix et les pommes. Mélanger. Servir parsemé de ciboulette.

Pommes
d'accompagnement

POMMES À LA CRÈME DE MENTHE
8 portions

8	pommes	8
2 ml	de muscade	1/2 c. à thé
5 ml	de cannelle	1 c. à thé
120 ml	de cassonade	8 c. à soupe
120 ml	de cidre	8 c. à soupe
120 ml	de crème de menthe	8 c. à soupe

L aver les pommes et en enlever le cœur sans les peler. Déposer les 8 pommes dans un plat beurré allant au four.

Saupoudrer la muscade, la cannelle et la cassonade dans la cavité de chaque pomme et compléter par le cidre (15 ml — 1 c. à soupe sur chaque pomme). Cuire au four à 190 °C (375 °F) pendant 15 minutes.

Sortir du four et déposer 15 ml (1 c. à soupe) de crème de menthe dans chaque cavité; remettre au four pendant 10 minutes.

Servir avec de l'agneau ou du porc.

RONDELLES
DE POMMES ÉPICÉES
6 portions

250 ml	de jus d'orange	1 tasse
2	bâtonnets de cannelle	2
8	clous de girofle entiers	8
125 ml	de sucre	1/2 tasse
250 ml	d'eau	1 tasse
75 ml	de vinaigre de cidre	1/4 de tasse
4	pommes	4

Mettre dans une casserole assez grande les 6 premiers ingrédients et chauffer à feu doux jusqu'à ce que le sucre soit dissous. Faire bouillir à feu vif 10 minutes, puis réduire à feu doux.

Laver les pommes et en enlever le cœur sans les peler. Couper en rondelles; verser dans le sirop et laisser mijoter environ 5 minutes ou jusqu'à ce qu'elles commencent à s'attendrir. Laisser refroidir dans le liquide et couler avant de servir. Servir avec des côtelettes ou un rôti de porc.

SAUCE AUX POMMES RELEVÉE

Environ 250 ml (1 tasse)

4	pommes vertes pelées, en morceaux	4
125 ml	de confiture d'abricot	1/2 tasse
1	zeste de citron râpé	1
30 ml	de miel	2 c. à soupe
30 ml	de beurre	2 c. à soupe
30 ml	de raifort râpé	2 c. à soupe

Mettre tous les ingrédients, sauf le raifort, dans une casserole à feu modéré jusqu'à ce que les pommes soient cuites, environ 12 minutes. Réduire en purée au mélangeur. Incorporer le raifort.

Cette sauce accompagne toutes les viandes.

SAUCES AUX POMMES

Pour lier une sauce, plutôt que d'utiliser de la fécule de maïs ou de la crème épaisse, incorporer quelques cuillerées de compote de pommes dans le jus de cuisson des rôtis de porc ou de veau.

* * *

Pour une sauce onctueuse, déglacer avec 30 ml (2 c. à soupe) de vinaigre de cidre le jus de cuisson de côtelettes ou de rôtis, sur un feu modéré.

Ajouter 5 ml (1 c. à thé) de fécule de maïs délayée dans 250 ml (1 tasse) de jus de pomme en remuant toujours jusqu'à épaississement de la sauce.

Aromatiser si désiré avec 15 ml (1 c. à soupe) de calvados.

* * *

Préparer un coulis avec 500 ml (2 tasses) de compote de pommes réduite en purée claire mélangée avec 125 ml (1/2 tasse) de crème fouettée. Aromatiser avec un peu de calvados.

CASSEROLE DE CHOU ROUGE AUX POMMES

4 portions

1	gros chou rouge coupé en lanières	1
1	gros oignon émincé	1
1	grosse pomme râpée	1
2	gousses d'ail écrasées	2
15 ml	d'huile	1 c. à soupe
5 ml	de sel de mer	1 c. à thé
15 ml	de jus de citron	1 c. à soupe
125 ml	de jus de pomme	1/2 tasse
	persil et olives noires pour la décoration	

Mettre le tout dans une cocotte huilée ou un chaudron. Cuire à l'étouffée environ 1 heure.

Servir le chou rouge aux pommes chaud dressé sur un plat, garni de persil frais et de lanières d'olives noires.

Les 100 meilleures recettes aux pommes

Poissons et coquillages

PÉTONCLES AUX POMMES
4 portions

8	pétoncles	8
50 ml	de beurre	1/4 de tasse
3	échalotes françaises hachées	3
1 l	de cidre	4 tasses
	sel et poivre	
125 ml	de crème 35 %	1/2 tasse
2	pommes	2
500 ml	d'eau	2 tasses
1	citron découpé en rondelles	1

Couper les pétoncles en escalopes. Dans une casserole mettre le beurre, les échalotes, la moitié du cidre et les pétoncles. Saler, poivrer. Porter à ébullition et faire bouillir 10 minutes. Égoutter puis garder au chaud.

Réduire le liquide de cuisson de moitié. Ajouter la crème et les pétoncles.

Peler les pommes, les couper transversalement et enlever le cœur. Porter à ébullition l'eau et le cidre restant. Plonger les pommes par petites quantités. Cuire 15 minutes puis égoutter.

Disposer les pétoncles, les pommes et le citron sur un plat de service. Servir chaud.

TRUITES À LA SAUCE AUX POMMES
4 portions

2	pommes pelées et évidées	2
1	gros citron	1
50 ml	de beurre	1/4 de tasse
3	échalotes françaises émincées	3
30 ml	d'huile	2 c. à soupe
250 g	de champignons émincés	1 tasse
1	gousse d'ail écrasée	1
500 ml	de cidre	2 tasses
1 l	d'eau	4 tasses
	thym, laurier,	
1	clou de girofle	1
	sel, poivre, persil	
4	truites	4

Tailler les pommes en fines tranches et les arroser avec le jus d'un demi-citron. Les mettre dans une casserole avec le beurre et les étuver 15 minutes. Réserver.

Dans une casserole profonde, faire fondre les échalotes dans l'huile. Ajouter les champignons et cuire 10 minutes. Ajouter l'ail, le cidre, l'eau, une mousseline contenant le thym, le laurier, le clou de girofle et le demi-citron restant. Saler, poivrer. Faire bouillir 30 minutes. Plonger les truites dans la préparation. Pocher 15 minutes. Égoutter et garder au chaud. Retirer les épices et faire réduire le court-bouillon de moitié. Filtrer. Passer les pommes au mélangeur avec le liquide réduit.

Servir les truites chaudes, parsemées de persil haché et nappées de sauce.

SOLE AU CIDRE
4 portions

4	filets de sole	4
1	oignon émincé fin	1
2	ciboules hachées	2
175 ml	de cidre	3/4 de tasse
15 ml	de beurre	1 c. à soupe
	sel et poivre	
	crème 35 % si désiré	

Déposer la sole dans un plat allant au four beurré; entourer de l'oignon et de la ciboule. Saler et poivrer. Mouiller avec le cidre et parsemer de beurre. Cuire au four à 190 °C (375 °F) 15 minutes. Servir tel quel ou lier le jus de cuisson avec la crème.

TURBOT AUX POMMES
4 portions

4	filets de turbot	4
	sel et poivre	
1	citron	1
120 ml	de beurre	8 c. à soupe
50 ml	de farine	1/2 tasse
250 ml	de crème 35 %	1 tasse
100 g	de gruyère râpé	1/4 de lb
4	pommes	4

Laver et éponger les filets de turbot. Saler, poivrer et arroser de jus de citron. Les disposer dans un plat à gratin beurré.

Dans une casserole, faire fondre 45 ml (3 c. à soupe) de beurre. Ajouter la farine, la crème, du sel et du poivre. Cuire doucement 15 minutes en remuant. Ajouter et mélanger le gruyère et verser la préparation sur le poisson. Parsemer de 30 ml (2 c à soupe) de beurre.

Peler et évider les pommes. Les couper en rondelles et les disposer dans un plat à gratin beurré. Éparpiller dessus des noisettes de beurre. Cuire en même temps que le poisson au four à 180 °C (350 °F) pendant 20 minutes. Servir directement dans le plat de cuisson.

Les 100 meilleures recettes aux pommes

Volailles

POULET AUX POMMES
6 portions

1,2 kg	de poulet coupé en morceaux	3 lb
2	oignons émincés	2
1 l	de cidre	4 tasses
	sel et poivre	
4	pommes	4
500 ml	d'eau	2 tasses
75 ml	de calvados	3/4 de tasse
125 ml	de crème 15 %	1/2 tasse
	persil	

Dans une cocotte, dorer le poulet dans l'huile chaude. Le retirer et faire fondre les oignons. Lorsqu'ils seront transparents, remettre la viande. Mouiller avec la moitié du cidre, saler et poivrer. Couvrir. Laisser mijoter 45 minutes.

Peler les pommes, les couper en deux et en enlever le cœur. Porter à ébullition l'eau et le cidre restant. Plonger les pommes par petites quantités. Cuire 15 minutes. Retirer avec une écumoire.

Disposer les pommes et le poulet dans un plat de service. Réduire la sauce. Ajouter le calvados et la crème fraîche. Chauffer doucement. Servir nappé de sauce et parsemé de persil haché.

POULET FARCI AUX POMMES
4 *portions*

250 ml	de pain grillé, en cubes	1 tasse
75 ml	de céleri en cubes	1/4 de tasse
3	pommes pelées, en cubes	3
50 ml	de raisins secs	1/4 de tasse
5 ml	de persil haché	1 c. à thé
2 ml	de thym	1/2 c. à thé
1	poulet de 1 kg (2 lb)	1
5 ml	de sel	1 c. à thé
2 ml	de paprika	1/2 c. à thé
30 ml	de beurre fondu	2 c. à soupe
30 ml	de cognac	2 c. à soupe
1	barde de lard	1
125 ml	de crème 15 %	1/2 tasse

Préparer la farce avec les cubes de pain grillé, le céleri et 125 ml (1/2 tasse) de pommes, les raisins secs, le persil et le thym.

Assaisonner l'intérieur des poulets avec le sel et le paprika, remplir la moitié de la cavité avec la farce et le beurre fondu.

Remplir la cavité sans trop tasser avec le reste de la farce en ajoutant 15 ml (1 c. à soupe) de cognac.

Coudre l'ouverture. Couvrir le poulet farci de la barde de lard.

Dans une rôtissoire, colorer le poulet au beurre. Entourer le poulet avec les pommes et cuire au four à 180 °C (350 °F) pendant 1 heure 30 minutes. Au dernier moment, arroser de crème et de cognac. On peut préparer la même recette avec une oie, un canard ou une perdrix.

SAUTÉ DE POULET AUX POMMES
4 portions

Utiliser de préférence des pommes Cotland ou Empire pour préparer cette recette car ces variétés se défont moins en cuisant. Et leur petit goût sucré se marie bien à celui du poulet.

20 ml	d'huile	4 c. à thé
2	pommes à cuire non pelées, en tranches minces	2
1	oignon	1
2 ml	de thym séché	1/2 c. à thé
4	poitrines de poulet désossées sans peau	4
250 ml	de jus de pomme	1 tasse
15 ml	de vinaigre de cidre	1 c. à soupe
15 ml	de fécule de maïs	1 c. à soupe
	sel et poivre	

Dans un poêlon à fond épais, faire chauffer 10 ml (2 c. à thé) d'huile à feu moyen-vif.

Cuire les pommes, l'oignon et le thym pendant 4 minutes ou jusqu'à ce que les pommes et l'oignon soient tendres mais encore croquants. Déposer dans un bol et réserver.

Faire chauffer le reste de l'huile dans le poêlon. Cuire le poulet, de 2 à 3 minutes de chaque côté ou jusqu'à ce qu'il soit doré. Réduire le feu à moyen-doux. Réserver 15 ml (1 c. à soupe) de jus de pomme. Mettre le reste du jus de pomme et le vinaigre de cidre dans le poêlon. Couvrir et laisser mijoter 20 minutes où jusqu'à ce que le poulet soit cuit. À l'aide d'une écumoire, déposer le poulet dans un plat et garder au chaud.

Dans un bol, mélanger la fécule de maïs et le jus de pomme réservé. Verser dans le poêlon et à feu vif épaissir la sauce en remuant et en grattant le fond du poêlon, pendant 2 minutes. Mettre la préparation aux pommes dans le poêlon et bien réchauffer. Saler et poivrer. Servir le poulet nappé de cette sauce.

FAISAN AUX POMMES
4 portions

50 ml	de raisins de Corinthe	1/4 de tasse
1	faisan de 1,2 kg (3 lb)	1
45 ml	d'huile	3 c. à soupe
3	pommes	3
45 ml	de beurre	3 c. à soupe
15 ml	de cannelle	1 c. à soupe
125 ml	de crème 35 %	1/2 tasse
75 ml	de calvados	1/4 de tasse
	sel et poivre	

Faire gonfler les raisins dans de l'eau tiède. Dans une cocotte, dorer le faisan dans l'huile. Retirer le faisan de la cocotte, et réserver.

Peler et évider les pommes. Les couper en quartiers fins. Les faire revenir au beurre dans une poêle à feu vif 5 minutes.

Couvrir le fond de la cocotte avec la moitié des pommes. Y déposer le faisan et recouvrir des pommes restantes. Saupoudrer de cannelle. Ajouter la crème, les raisins égouttés et le calvados. Saler et poivrer. Couvrir. Laisser mijoter 40 minutes. Servir très chaud.

RÔTI DE DINDE AUX POMMES
4 portions

1	rôti de dinde de 1 kg (2 lb)	1
45 ml	de beurre	3 c. à soupe
4	pommes non pelées, en quartiers minces	4
125 ml	de cidre	1/2 tasse
250 ml	de crème 35 %	1 tasse
	sel, poivre	
	cerfeuil frais	

Dans une cocotte allant au four, faire dorer le rôti dans 15 ml (1 c. à soupe) de beurre. Réserver.

Faire fondre le reste du beurre dans la cocotte, y déposer les pommes et placer le rôti au-dessus. Saler et poivrer. Arroser du cidre. Couvrir. Cuire au four 30 minutes, à 150 °C (300 °F).

Ouvrir la cocotte, verser la crème. Continuer la cuisson pendant encore 50 minutes. Parsemer de cerfeuil haché et servir.

MAGRET DE CANARD AU VINAIGRE DE CIDRE
4 portions

2	magrets de canard (poitrines de canard)	2
60 ml	de beurre	4 c. à soupe
1	échalote française hachée	1
30 ml	de vinaigre de cidre aux framboises	2 c. à soupe
75 ml	de cidre	1/4 de tasse
250 ml	de fond de canard	1 tasse
	sel et poivre	
	fécule de maïs	

Inciser la peau des poitrines afin d'obtenir un petit qua-drillage de 1/2 cm (1/4 de po) d'espace. Saler, poivrer. Disposer dans une poêle chaude avec 15 ml (1 c. à soupe) de beurre les magrets côté peau en premier, bien les dorer de chaque côté puis les finir au four 8 minutes à 250 °C (500 °F) côté peau dessus. Les tenir au chaud.

Dégraisser la poêle puis ajouter 15 ml (1 c. à soupe) de beurre et ensuite l'échalote hachée. Déglacer avec le vinaigre de cidre et laisser réduire à sec, ajouter le cidre et laisser aussi réduire à sec. Verser le fond de canard et réduire du tiers. Finir la sauce en incorporant le reste du beurre en fouettant. Lier la sauce en incorporant la fécule de maïs délayée dans un peu d'eau ou de cidre.

Servir les magrets de canard nappés de cette sauce.

Viandes

RÔTI DE PORC FARCI
8 à 10 portions

1	longe de porc désossée de 1 1/2 kg à 2 kg (3 à 4 lb)	1
6	gousses d'ail	6
15 ml	de beurre	1 c. à soupe
1	boîte de 284 ml (10 oz) de consommé de bœuf	1
	sel et poivre	

Farce:

15 ml	d'huile	1 c. à soupe
750 ml	de pommes rapées	3 tasses
500 ml	d'oignons hachés	2 tasses
2	gousses d'ail hachée	2
30 ml	de persil haché	2 c. à soupe
125 ml	de sherry (facultatif)	1/2 tasse
125 ml	de chapelure	1/2 tasse
	sel et poivre	

Chauffer le four à 180 °C (350 °F). Piquer la longe de porc avec les gousses d'ail. Faire fondre le beurre dans une lèchefrite et y faire dorer la longe de tous les côtés. Assaisonner et verser environ 125 ml (1/2 tasse) de consommé sur la longe. Saler et poivrer. Mettre au four environ 2 heures.

Pendant ce temps, préparer la farce. Dans un poêlon, déposer les pommes, les oignons, l'ail dans l'huile chaude. Cuire de 3 à 4 minutes. Ajouter le persil, le sherry et cuire jusqu'à ce que le liquide soit réduit de moitié. Incorporer la chapelure. Assaisonner et mettre de côté.

Lorsque le rôti est cuit, entailler le rôti à tous les 1,25 cm (1/2 po) sans couper les tranches jusqu'à la base. Étendre la farce entre les tranches et sur le dessus.

Déglacer le fond de cuisson avec le reste du consommé. Servir le rôti accompagné de sauce.

NOISETTES DE PORC AU CIDRE ET AU COULIS DE POMMES

16 portions

500 g	de beurre		1 lb
2 kg	de filet de porc tranché en 48 noisettes de 2,5 cm (1 po)		4 lb
	sel et poivre, au goût		
15	pommes en quartiers		15
100 ml	d'échalotes françaises hachées finement		1/3 de tasse
1 l	de cidre doux		4 tasses
1 l	de crème 35 %		4 tasses

Dans un poêlon, utiliser la moitié du beurre pour y faire revenir, quelques-unes à la fois, les noisettes pendant 5 minutes de chaque côté. Assaisonner et garder au chaud.

Mettre dans une casserole les pommes, l'échalote, le cidre et le beurre restant. Cuire à feu moyen pendant 5 minutes. Réserver la moitié de cette compote et réduire en purée fine l'autre moitié dans un mélangeur. Passer au tamis, ajouter la crème et assaisonner.

Napper le fond d'une assiette de service de ce coulis.

Pour chaque personne, déposer 3 noisettes et une grosse cuillerée de compote de pommes.

COCOTTE DE PORC AUX POMMES
4 portions

4	pommes de terre pelées	4
75 ml	de beurre	1/4 de tasse
125 ml	de lait	1/2 tasse
800 g	d'épaule de porc en cubes	2 lb
4	pommes en tranches épaisses	4
2	oignons hachés	2
15 ml	de feuilles de sauge hachées	1 c. à soupe
	ou 5 ml (1 c. à thé) de sauge séchée	
	sel et poivre	
175 ml	d'eau	3/4 de tasse
30 ml	de beurre fondu	2 c. à soupe

Faire cuire les pommes de terre et les réduire en purée en incorporant le beurre et le lait. Garder au chaud.

Dans une cocotte, déposer par couches successives le porc et les tranches de pommes et les oignons. Assaisonner et arroser avec l'eau. Porter à ébullition. Couvrir. Cuire au four à 180 °C (350 °F).

Après 1 heure 30 minutes, ouvrir la cocotte, étaler la purée de pommes de terre. Arroser de beurre fondu et faire dorer 10 minutes au four. Servir chaud.

CÔTELETTES DE PORC AUX POMMES
6 portions

75 ml	de farine	1/4 de tasse
2 ml	de sel	1/2 c. à thé
1/2 ml	de poivre	1/8 de c. à thé
2 ml	de curcuma	1/2 c. à thé
10 ml	de cari	2 c. à thé
6	côtelettes de porc de 2 cm	6
	(3/4 de po) d'épaisseur	
2	oignons émincés fin	2
15 ml	de beurre	1 c. à soupe
4	pommes pelées et coupées en petits morceaux	4
500 ml	de jus de pomme	2 tasses
45 ml	de cassonade ou de sucre d'érable	3 c. à soupe
3	pommes pelées et évidées, en moitiés	3

Mélanger la farine, le sel, le poivre, le curcuma et le cari. Retirer le gras autour des côtelettes et les enrober de cette panure.

Faire revenir les oignons jusqu'à transparence dans le beurre. Ajouter les pommes et cuire jusqu'à ce qu'elles soient tendres. Verser dans un bol.

Dorer les côtelettes de 3 à 4 minutes de chaque côté, puis les déposer dans un plat allant au four. Ajouter le mélange d'oignons et de pommes et le reste de panure. Ajouter le jus de pomme et la cassonade ou le sucre d'érable. Couvrir de papier d'aluminium et cuire au four à 160 °C (325 °F) pendant 40 minutes.

Sortir le plat du four, tourner les côtelettes et couvrir chacune d'une demi-pomme par côtelette. Poursuivre la cuisson pendant 30 minutes. Passer la sauce au tamis et servir en saucière.

CÔTELETTES À LA PROVENÇALE
4 portions

8	côtelettes de porc minces	8
60 ml	de beurre	4 c. à soupe
1/2	oignon émincé fin	1/2
1	branche de céleri hachée	1
125 ml	de jus de pomme	1/2 tasse
1	orange (jus seulement)	1
500 ml	d'eau	2 tasses
10 ml	de sauce Worcestershire	2 c. à thé
30 ml	de sucre	2 c. à soupe
2	pommes en dés	2
2 ml	de basilic	1/4 de c. à thé
10 ml	de fécule de maïs	2 c. à thé
	sel, poivre	

Chauffer le beurre dans une poêle épaisse; y brunir les côtelettes des deux côtés; les retirer à mesure qu'elles sont rôties. Enlever de celles-ci l'excès de gras et les mettre de côté.

Dans la poêle, dorer l'oignon, puis le céleri. Remettre les côtelettes. Ajouter le jus de pomme, le jus d'orange, l'eau, la sauce Worcestershire, le sucre, les pommes et le basilic; mélanger le tout. Laisser mijoter à découvert jusqu'à ce que les pommes deviennent en purée. Environ 30 minutes.

Ajouter la fécule de maïs délayée dans un peu d'eau froide. Laisser mijoter 5 minutes et servir.

PORC À LA FLAMANDE
6 portions

2 kg	d'épaule de porc	4 lb
1 ou 2	gousses d'ail	1 ou 2
	sel et poivre, au goût	
15 ml	d'huile	1 c. à soupe
2	oignons hachés	2
125 ml	de jus de pomme	1/2 tasse
6	pommes de terre	6
6	carottes	6
6	morceaux de navet	6

Parer la pièce de viande, la piquer avec l'ail et l'assaisonner de sel et de poivre. Dans une grande casserole, verser l'huile et y brunir la viande de tous les côtés. Ajouter l'oignon et le jus de pomme. Couvrir et cuire à feu doux pendant 2 heures. Ajouter les légumes et continuer la cuisson jusqu'à tendreté des légumes, environ 30 minutes. Dégraisser et épaissir la sauce si désiré.

TRANCHES DE JAMBON AU CIDRE

4 portions

4	tranches de jambon	4
1	noisette de beurre	1
175 ml	de cidre	3/4 de tasse
15 ml	de persil et de fines herbes hachées	1 c. à soupe

Faire fondre le beurre dans une poêle. Faire revenir chaque tranche de jambon. Mouiller de cidre. Laisser mijoter à feu doux environ 15 minutes.

Garnir avec le persil et les fines herbes.

JAMBON AU CIDRE
8 portions

1	jambon précuit d'environ 3 kg (6 lb)	1
20	clous de girofle entiers environ	20
175 ml	d'eau bouillante	3/4 de tasse
750 ml	de cidre	3 tasses
30 ml	de cassonade	2 c. à soupe
1	petit oignon haché	1
15 ml	de jus de citron	1 c. à soupe
15 ml	de farine brunie*	1 c. à soupe

Enlever la couenne et tracer des losanges dans le gras. Garnir des clous de girofle. Déposer le jambon dans une rôtissoire.

Mélanger l'eau bouillante, le cidre, la cassonade et l'oignon dans une casserole et laisser bouillir 10 minutes; tamiser. Verser le mélange de cidre sur le jambon et l'arroser du même mélange fréquemment pendant toute la durée de la cuisson, soit 30 minutes par kg (14 à 17 minutes par lb) dans un four à 160 °C (325 °F).

Retirer le jambon du four, le déposer sur un plat chaud. Couler à travers une passoire le liquide de la rôtissoire, y ajouter le jus de citron et épaissir avec de la farine brunie. Servir la sauce ainsi obtenue avec le jambon.

* Farine brunie: Dans un petit poêlon, faire chauffer à feu doux la farine et remuer jusqu'à ce qu'elle devienne brune.

TRANCHES DE JAMBON ET POMMES AU FOUR
2 portions

1	tranche de jambon à cuire d'environ 3,75 cm (1 1/2 po) d'épaisseur	1
5 ml	de moutarde en poudre	1 c. à thé
10 ml	de vinaigre	2 c. à thé
2	pommes	2
125 ml	de cassonade	1/2 tasse
	beurre	

Enlever la couenne de la tranche de jambon. Mélanger la moutarde et le vinaigre, puis étendre sur le jambon. Découper les pommes en tranches minces et les disposer sur le jambon. Saupoudrer de cassonade et parsemer de petits morceaux de beurre. Cuire à four modéré, 180 °C (350 °F), jusqu'à ce que le jambon soit tendre (environ 45 minutes).

COURONNE DE JAMBON AUX POMMES DE ROUGEMONT

8 portions

Couronne:

375 ml	de pommes en quartiers fins	1 1/2 tasse
225 g	de porc haché	1/2 lb
350 g	de jambon haché	3/4 de lb
5 ml	de moutarde en poudre	1 c. à thé
75 ml	de mie de pain sec	1/4 de tasse
5 ml	de sel	1 c. à thé
1	œuf battu	1
15 ml	d'oignon émincé	1 c. à soupe
2 ml	de fines herbes	1/2 c. à thé
	compote de canneberges	

Anneaux de pommes glacées:

3 ou 4	pommes rouges et fermes	3 ou 4
375 ml	de sucre	1 1/2 tasse
250 ml	d'eau	1 tasse
	le jus de 1/2 citron	
	colorant jaune	

Mélanger tous les ingrédients sauf la compote de canneberges. Beurrer un moule en couronne de 22 cm (9 po) de diamètre. Remplir le moule et cuire au four pendant 45 minutes à 180 °C (350 °F). Renverser sur un plat de service et garder au chaud.

Préparer les anneaux de pommes glacées. Vider et trancher les pommes en 8 anneaux de 1,25 cm (1/2 po) d'épaisseur. Faire bouillir le sucre et l'eau. Ajouter le jus de citron et quelques gouttes de colorant jaune. Laisser mijoter les anneaux de pommes dans ce sirop pendant environ 5 minutes. Le sirop devrait réduire de moitié. À l'aide d'un pinceau, enduire les pommes de sirop. Conserver le restant du sirop pour une autre recette.

Au moment de servir, disposer les anneaux de pommes glacées sur la couronne. Remplir le centre des anneaux de compote de canneberges.

BOUDIN AUX POMMES
4 portions

4	morceaux de boudin	4
1	noisette de beurre	1
2	pommes en quartiers	2
15 ml	de vinaigre de cidre	1 c. à soupe
60 ml	d'eau	4 c. à soupe

Faire fondre le beurre dans une poêle et y rôtir le boudin environ 10 minutes. Entourer le boudin des pommes, réduire le feu et poursuivre la cuisson quelques minutes.

Dresser le boudin et les pommes sur un plat de service. Déglacer la poêle avec le vinaigre de cidre et l'eau. Servir accompagné de la sauce obtenue.

RÔTI DE VEAU DE ROUGEMONT

6 portions

5 ml	de sel	1 c. à thé
1 ml	de poivre	1/4 de c. à thé
5 ml	de moutarde de Dijon	1 c. à thé
1	rôti de veau d'1 kg (2 lb)	1
125 g	de lard en tranches	1/4 de lb
100 ml	d'huile	1/3 de tasse
2	pommes en quartiers	2
1	oignon émincé	1
1	carotte émincée	1
1	céleri émincé	1
75 ml	de farine tout usage	1/4 de tasse
500 ml	de bouillon de bœuf	2 tasses
2	pommes tranchées pour la décoration	2

Saler, poivrer et enrober de moutarde le rôti. Le couvrir de tranches de lard et le ficeler. Dans une rôtissoire, faire colorer le rôti dans l'huile chaude et poursuivre la cuisson au four à 180 °C (350 °F) pendant 1 heure. Environ 20 minutes avant la fin de la cuisson, ajouter les quartiers de pommes, la carotte, l'oignon et le céleri.

Retirer le rôti de veau de la rôtissoire. Dégraisser la sauce, saupoudrer de farine et laisser cuire quelques instants. Mouiller avec le bouillon de bœuf et réduire de moitié. Vérifier l'assaisonnement et passer la sauce au tamis.

Trancher le rôti et dresser les tranches dans un plat de service. Napper de sauce et garnir de quartiers de pommes.

GRENADIN DE VEAU AU CIDRE ET AU GINGEMBRE
6 portions

Marinade:

125 ml	d'huile d'arachide	1/2 tasse
30 ml	de cidre sec	2 c. à soupe
5 ml	de gingembre frais râpé	1 c. à thé

6	escalopes de veau	6
75 ml	de beurre	1/4 de tasse
5 ml	de sel	1 c. à thé
5 ml	de poivre	1 c. à thé
75 ml	de cidre sec	1/4 de tasse
2	échalotes françaises émincées	2
125 ml	de fond de veau lié	1/2 tasse
5 ml	de gingembre frais râpé	1 c. à thé
15 ml	de crème 35 %	1 c. à soupe
15 ml	de beurre doux	1 c. à soupe
	sel et poivre, au goût	

Préparer la marinade avec l'huile, le cidre et le gingembre et y faire mariner les escalopes pendant 24 heures. Les faire sauter au beurre. Saler et poivrer. Retirer les escalopes de la poêle et les mettre de côté.

Enlever le surplus de gras de la casserole. Y ajouter le cidre et les échalotes et réduire aux trois quarts. Ajouter le fond de veau lié (préalablement épaissi) et le gingembre râpé. Ajouter la crème et monter la sauce au beurre.

Rectifier l'assaisonnement, remettre les escalopes dans la sauce et servir bien chaud.

RIS DE VEAU AUX POMMES
4 portions

4	ris de veau	4
	sel	
3	pommes en dés	3
75 ml	de beurre	1/4 de tasse
15 ml	de calvados	1 c. à soupe
100 ml	de vinaigre de cidre	1/3 de tasse
1	morceau de sucre	1
2	échalotes françaises émincées	2
150 ml	de crème 15 %	3/4 de tasse
125 ml	de chapelure	1/2 tasse
	persil	

Faire dégorger les ris de veau dans de l'eau froide pendant 1 heure 30 minutes. Les peler et les blanchir 5 minutes à l'eau bouillante salée. Égoutter.

Dans la moitié du beurre, étuver les pommes pendant 15 minutes. Arroser du calvados et réserver.

Dans une casserole, à feu vif, réduire le vinaigre et le sucre. Ajouter les échalotes et les laisser fondre. Verser la crème fraîche.

Découper les ris de veau en tranches. Les tremper dans un peu de beurre fondu et dans la chapelure. Les dorer à la poêle en les retournant quelques minutes.

Disposer les ris de veau et les pommes sur un plat chaud. Servir parsemé de persil haché.

FOIE DE VEAU AUX POMMES
4 portions

3	pommes	3
125 ml	de beurre	1/2 tasse
2	oignons en tranches	2
4	tranches de foie de veau	4
	sel et poivre	
1	œuf battu	1
125 ml	de chapelure	1/2 tasse
125 ml	de vin blanc sec	1/2 tasse
	cerfeuil	

Peler les pommes, les couper transversalement en rondelles de 1/2 cm (1/4 de po) d'épaisseur. Les étuver 15 minutes dans 30 ml (2 c. à soupe) de beurre. Garder au chaud.

Faire fondre les oignons dans 30 ml (2 c. à soupe) de beurre 10 minutes. Réserver.

Poivrer les tranches de foie. Les tremper dans l'œuf et les rouler dans la chapelure. Les rôtir dans le reste du beurre de 3 à 4 minutes de chaque côté. Saler et disposer sur un plat de service avec les pommes et les oignons.

Déglacer la poêle au vin blanc. Verser sur le foie. Servir chaud parsemé de cerfeuil haché et accompagné des pommes étuvées.

FOIE AU COGNAC ET AUX POMMES

4 portions

4	tranches de foie de veau	4
	sel et poivre	
4	pommes	4
75 ml	de cognac	1/4 de tasse
125 ml	de beurre	1/2 tasse
15 ml	de farine	1 c. à soupe

Saler et poivrer les tranches de foie et les laisser mariner 1 heure dans le cognac.

Peler et évider les pommes. Couper en 8 quartiers et les faire revenir à feu moyen, avec la moitié du beurre, 5 minutes en remuant.

Sécher, fariner les escalopes et les cuire dans une poêle avec le beurre restant de 3 à 4 minutes de chaque côté. Disposer sur un plat chaud.

Déglacer la poêle avec la marinade pour obtenir une sauce.

Servir nappé de sauce et accompagné des pommes sautées.

LAPIN FARCI AUX POMMES, AUX PRUNEAUX ET AUX NOIX

4 portions

1	lapin désossé de 1 kg (2 lb) (avec le foie)	1
	sel et poivre	
30 ml	de porto	2 c. à soupe
30 ml	de beurre	2 c. à soupe

Farce:

170 g	de cœurs de volailles	6 oz
1	blanc d'œuf	1
75 ml	de crème sure	1/4 de tasse
	sel d'épices, sel et poivre	
8	pruneaux en dés	8
50 ml	de noix hachées	1/4 de tasse
2	pommes pelées, en dés	2
30 ml	de calvados	2 c. à soupe

Sauce:

	os du lapin	
30 ml	d'huile	2 c. à soupe
1	oignon en dés	1
2	gousses d'ail écrasées	2
125 ml	de poireau en dés	1/4 de tasse
1	carotte en dés	1
250 ml	de vin blanc	1 tasse
1	feuille de laurier	1
15 ml	de poivre en grains	1 c. à soupe
2	clous de girofle	2
5 ml	de thym	1/2 c. à soupe
250 ml	de bouillon de légumes	1 tasse
30 ml	de crème 35 %	2 c. à soupe
45 ml	de porto	3 c. à soupe
30 ml	de beurre	2 c. à soupe

Faire désosser le lapin par le boucher et conserver les os. Saler et poivrer la viande et laisser mariner dans le porto, au réfrigérateur, pendant 2 heures.

Pour la farce, découper grossièrement les cœurs de volailles et les réduire en purée avec le mélangeur. Ajouter le blanc d'œuf, la crème sure et le sel d'épices. Saler, poivrer et broyer de nouveau. Verser dans un bol et ajouter les pruneaux, les noix, les pommes et la calvados.

Retirer le lapin du réfrigérateur et le couper en deux parts. Répartir la farce et l'étendre sur chaque moitié. Ajouter le foie de lapin coupé en morceaux. Rouler le tout en écrasant légèrement pour obtenir des cylindres parfaits. Découper 2 grandes feuilles de papier d'aluminium et les graisser avec 30 ml (2 c. à soupe) de beurre. Enrouler la viande dans le papier d'aluminium et fermer les papillotes. Verser un peu d'eau dans l'autocuiseur. Poser les 2 papillotes dans le panier de l'autocuiseur et faire cuire sous pression 45 minutes.

Mettre les os du lapin dans une casserole avec l'huile. Les faire revenir 15 minutes.

Ajouter l'oignon, l'ail, le poireau, la carotte et laisser cuire encore 5 minutes.

Verser le vin blanc, laisser réduire 5 minutes. Ajouter le laurier, le poivre en grains, les clous de girofle, le thym, le bouillon de légumes. Laisser mijoter 30 minutes.

Passer la sauce au tamis et ajouter la crème. Remettre dans la casserole, verser le porto et en fouettant incorporer le beurre. Garder chaud.

Retirer la viande du papier d'aluminium et la couper en tranches (6 tranches par rouleau et 3 tranches par assiette).

Disposer les tranches de lapin sur les assiettes et napper de sauce.

LAPIN ET POMMES AU CALVADOS
4 portions

1	lapin coupé en morceaux	1
45 ml	d'huile	3 c. à soupe
1	oignon haché	1
4	échalotes françaises hachées	4
15 ml	de farine	1 c. à soupe
250 ml	de cidre	1 tasse
	sel et poivre	
4	pommes	4
50 ml	de beurre	1/4 de tasse
75 ml	de calvados	1/4 de tasse
1	citron (jus seulement)	1

Dans une cocotte, faire dorer le lapin dans l'huile. Ajouter l'oignon et les échalotes et laisser fondre. Saupoudrer de farine en remuant. Verser le cidre. Saler, poivrer. Porter à ébullition, couvrir et laisser mijoter 45 minutes.

Peler, évider et couper les pommes en quartiers. Dans une poêle, les faire sauter 5 minutes avec le beurre. Arroser du calvados tiède. Flamber. Ajouter le jus de citron.

Servir le lapin très chaud accompagné des pommes dorées.

TOURTIÈRES AU MINCEMEAT

15 tourtières

500 g	de suif haché	1 lb
2 kg	de bœuf haché maigre	4 lb
15 ml	de sel	1 c. à soupe
1 l	de sucre ou de cassonade	4 tasses
500 ml	d'amandes hachées	2 tasses
1 l	de raisins secs	4 tasses
500 ml	de raisins currant	2 tasses
1	orange (jus et zeste)	1
1	citron (jus et zeste)	1
12 ml	de cannelle	2 1/2 c. à thé
5 ml	de clous de girofle en poudre	1 c. à thé
1 l	de cidre	4 tasses
5 l	de pommes hachées	20 tasses
375 ml	de brandy	1 1/2 tasse
	pâte à tarte pour 15 tourtières doubles	

Dans un grand chaudron, faire fondre le suif sur feu moyen et y faire cuire légèrement la viande pour bien la défaire. Ajouter les autres ingrédients et laisser mijoter le tout pour que le liquide soit bien réduit, environ 20 minutes.

Refroidir, mettre entre 2 croûtes et cuire au four à 190 °C (375 °F) 30 minutes ou jusqu'à ce que la croûte soit dorée.

Cette recette se prête très bien à la congélation. Dans ce cas, après avoir fait cuire les tartes, les laisser refroidir et placer chacune d'elles dans un sac de plastique.

Les 100 meilleures recettes aux pommes

Collations

POMMES SÉCHÉES
À L'ANCIENNE

Les pommes séchées se préparent à partir de pommes bien mûres. Elles sont une collation idéale, riche en vitamines.

Peler les pommes. Les couper en tranches. Jeter le cœur. Placer les tranches de pommes sur des claies (ficelles tendues sur un cadre de bois) trois jours de grand soleil. Rentrer les claies la nuit pour éviter l'humidité. Terminer de sécher en intercalant pendant 3 heures des passages au four, à basse température, et hors du four la moitié du temps.

Laisser la porte du four entrouverte. Vérifier la dessication. Laisser refroidir. Conserver dans une caissette en bois, dans un lieu aéré.

POMMES GLACÉES
8 portions

8	pommes bien rouges	8
250 ml	de sucre	1 tasse
125 ml	de sirop de maïs	1/2 tasse
1	boîte de lait condensé sucré	1
5 ml	d'extrait de vanille	1 c. à thé
8	bâtonnets en bois	8

Insérer un bâtonnet dans chaque pomme. Mettre tous les ingrédients dans une casserole et cuire à feu doux jusqu'à ce que le thermomètre à sucre indique 120 °C (250 °F). Retirer du feu et y tremper chaque pomme en la tournant. Déposer sur un papier ciré et laisser figer.

Les 100 meilleures recettes aux pommes

Tartes

PÂTE À TARTE
1 croûte de 22 cm (9 po)

250 ml	de farine	1 tasse	
2 ml	de sel	1/2 c. à thé	
100 ml	de graisse végétale	1/3 de tasse	
30 à 45 ml	d'eau froide	2 à 3 c. à soupe	

Déposer la farine dans un bol, ajouter le sel. Couper la moitié de la graisse dans la farine jusqu'à ce que le mélange soit granulé. Couper ensuite le reste de la grosseur de petits pois. Ajouter l'eau par petites quantités, en remuant doucement avec une fourchette. Faire une boule et laisser reposer jusqu'au moment de s'en servir.

PÂTE BRISÉE
2 abaisses de 22 cm (9 po)

500 ml	de farine	2 tasses
2 ml	de sel	1/2 c. à thé
175 ml	de graisse végétale	3/4 de tasse
1	jaune d'œuf	1
15 ml	de vinaigre de cidre ou de jus de citron	1 c. à soupe
125 ml	d'eau très froide	1/2 tasse

Tamiser la farine et le sel; y incorporer la graisse végétale; émietter jusqu'à ce que la pâte soit farineuse. Battre le jaune d'œuf avec le vinaigre de cidre (ou le jus de citron) et l'eau froide; les incorporer à la farine. Mélanger légèrement sans trop travailler. Ajouter de l'eau froide si nécessaire. Former une boule. Laisser reposer dans un endroit frais.

PÂTE AU BEURRE
2 abaisses de 22 cm (9 po)

250 g	de beurre	1/2 lb
500 ml	de farine	2 tasses
1	pincée de sel	1
30 ml	d'huile ou 1 jaune d'œuf	2 c. à soupe
75 ml	d'eau froide	5 c. à soupe

Sortir le beurre à l'avance afin qu'il soit à la température de la pièce. Mettre la farine et le sel dans un bol à mélanger et ajouter, petit à petit, le beurre ramolli. Ajouter l'huile (ou le jaune d'œuf). Verser l'eau progressivement. Pétrir rapidement du bout des doigts. Laisser reposer avant d'étendre la pâte.

PÂTE SABLÉE
1 croûte de 22 cm (9 po)

175 ml	de farine	3/4 de tasse
75 ml	de beurre froid en dés	5 c. à soupe
10 ml	de sucre	2 c. à thé
1	pincée de sel	1
1	jaune d'œuf	1
60 ml	d'eau froide	4 c. à soupe

Mettre dans le bol du robot culinaire la farine, le beurre, le sucre, le sel et le jaune d'œuf. Mélanger jusqu'à l'obtention d'une pâte sablée. Ajouter petit à petit l'eau jusqu'à ce qu'une boule compacte se forme. Laisser reposer 1 heure avant de rouler.

Pour cuire la croûte sans garniture, foncer l'assiette à tarte et, à l'aide d'une fourchette, piquer le fond et les parois. Découper un morceau de papier ciré assez grand et en couvrir la croûte. Étaler une poignée de haricots secs pour éviter que la croûte ne gonfle. Cuire au four à 190 °C (375 °F). Après 20 minutes, retirer les haricots, le papier ciré et poursuivre la cuisson en surveillant jusqu'à ce que la croûte soit dorée, 5 minutes environ.

TARTE À LA FLAMANDE
6 portions

4	pommes pelées	4
175 ml	de sucre en poudre	3/4 de tasse
2	œufs (jaunes et blancs séparés)	2
125 ml	de cassonade	1/2 tasse
1	zeste de citron	1
75 ml	de beurre ramolli	5 c. à soupe
100 ml	de farine	1/3 de tasse
15 ml	de poudre à pâte	1 c. à soupe

Couper les pommes en quartiers minces, les étaler sur une assiette et les couvrir avec 30 ml (2 c. à soupe) de sucre en poudre. Battre les jaunes d'œufs, la cassonade et 125 ml (1/2 tasse) de sucre en poudre, jusqu'à ce que le mélange devienne mousseux. Ajouter le zeste de citron. Continuer à battre et ajouter le beurre.

Fouetter les blancs d'œufs en neige ferme et en verser la moitié dans la préparation précédente. Incorporer en brassant doucement la farine et la poudre à pâte. Incorporer le reste des blancs d'œufs en soulevant doucement.

Verser la pâte dans une assiette à tarte de 22 cm (9 po) beurrée. Disposer les quartiers de pommes un à un en les enfonçant un peu dans la pâte, tout en laissant dépasser les bords. Cuire au four à 205 °C (400 °F). Quand la tarte est bien gonflée, environ 20 minutes, y saupoudrer le sucre en poudre restant et terminer la cuisson sous le gril 1 minute.

TARTE DE LA NOUVELLE-ORLÉANS

8 portions

500 ml	de pacanes en moitiés	2 tasses
45 ml	de beurre ramolli	3 c. à soupe
2	abaisses de tarte de 27 cm (11 po)	2
4 à 5	grosses pommes pelées et tranchées	4 à 5
150 ml	de sucre	2/3 de tasse
2 ml	de cannelle	1/2 c. à thé

Badigeonner de beurre le fond et les parois d'une grande assiette à tarte. Couvrir entièrement l'assiette avec les pacanes. Placer au réfrigérateur 30 minutes.

Rouler une première abaisse et la placer sur les pacanes dans le fond de l'assiette. Disposer les pommes. Saupoudrer le sucre et la cannelle. Couvrir de la deuxième abaisse en rabattant la pâte qui dépasse sur le dessus de la tarte. Pratiquer quelques incisions et cuire au four à 190 °C (375 °F) pendant 30 minutes.

Lorsque la tarte est cuite, laisser reposer environ 10 minutes. Placer une assiette de service sur le dessus de la tarte et, en tenant fermement, renverser la tarte afin que les pacanes soient sur le dessus.

TARTE À LA NORMANDE
6 portions

1	abaisse de tarte de 22 cm (9 po)	1
3	pommes en quartiers	3
100 ml	de sucre	1/3 de tasse
2 ml	de cannelle	1/2 c. à thé
30 ml	de sucre en poudre	2 c. à soupe

Crème:

1	œuf	1
100 ml	de sucre	1/3 de tasse
75 ml	de farine	1/4 de tasse
175 ml	de crème 35 %	3/4 de tasse
60 ml	de calvados	4 c. à soupe

Foncer une assiette à tarte.

Enrober de sucre et de cannelle les quartiers de pommes et les disposer en couronne dans le fond de la croûte. Cuire 20 minutes à 190 °C (375 °F). Retirer et laisser tiédir.

Préparer la crème. Battre l'œuf et le sucre et, en remuant toujours, incorporer la farine. Ajouter la crème et le calvados.

Étendre la crème sur la tarte et remettre au four 10 minutes. Retirer, saupoudrer du sucre en poudre et poursuivre la cuisson 10 minutes jusqu'à ce que le dessus soit doré. Servir chaud.

TARTE DE
LA MÈRE RATON
6 portions

Croûte:

125 ml	de farine	1/2 tasse
375 ml	de flocons d'avoine (gruau)	1 1/2 tasse
150 ml	de cassonade	2/3 de tasse
2 ml	de sel	1/2 c. à thé
5 ml	de cannelle	1 c. à thé
125 ml	de beurre fondu	1/2 tasse

Garniture:

625 ml	de pommes tranchées	2 1/2 tasses
125 ml	de sucre	1/2 tasse
2 ml	de cannelle	1/2 c. à thé

Mélanger les ingrédients secs dans un bol; ajouter le beurre fondu et mélanger bien. Mettre de côté 175 ml (3/4 de tasse) de ce mélange. Garnir le fond et les bords d'une assiette à tarte de 22 cm (9 po) avec le reste du mélange. Réfrigérer.

Enrober les pommes de sucre et de cannelle. Verser dans l'assiette à tarte garnie. Saupoudrer le dessus avec le mélange de croûte qui reste. Cuire dans un four préchauffé à 190 °C (375 °F), 35 à 40 minutes ou jusqu'à ce que les pommes soient tendres et la croûte dorée.

TARTE TATIN
4 portions

45 ml	de beurre	3 c. à soupe
175 ml	de sucre en poudre	3/4 de tasse
3	grosses pommes, pelées, en quartiers	3
	pâte feuilletée	

Se servir d'une assiette à bord assez haut, ou mieux d'une poêle en fonte. Enduire la poêle d'une bonne couche de beurre. Couvrir d'une épaisse couche de sucre en poudre, de façon à bien chemiser la poêle. Disposer les pommes en mettant au fond de la poêle la partie ronde du fruit. Ajouter encore un peu de beurre et de sucre. Mettre sur feu assez vif pour faire caraméliser, environ 5 minutes. Laisser un peu refroidir.

Couvrir d'une abaisse de bonne épaisseur en insistant sur les bords. Cuire au four à 205 °C (400 °F) le temps de faire dorer la pâte.

Sortir du four et renverser la tarte sur une grande assiette. Servir chaud ou froid.

TARTE À LA CANADIENNE
6 portions

2	abaisses de tarte de 22 cm (9 po)	2
1	blanc d'œuf	1
4	grosses pommes pelées, en tranches	4
125 ml	de sucre	1/2 tasse
1 ml	de cannelle	1/4 de c. à thé
1/2 ml	de muscade	1/8 de c. à thé
1	zeste de citron	1
15 ml	de beurre	1 c. à soupe
15 ml	d'eau	1 c. à soupe

Foncer une assiette à tarte. Badigeonner la pâte avec le blanc d'œuf non battu, à l'aide d'un pinceau.

Déposer les fruits. Saupoudrer du sucre additionné de la cannelle, de la muscade et du zeste de citron. Ajouter quelques noisettes de beurre et l'eau. Couvrir de pâte et faire cuire au four à 220 °C (425 °F) environ 30 minutes.

TARTE AUX POMMES AU FROMAGE
6 portions

Pâte:

500 ml	de farine	2 tasses
2 ml	de sel	1/2 c. à thé
125 ml	de graisse végétale	1/2 tasse
30 ml	de beurre	2 c. à soupe
125 ml	de fromage cheddar mi-fort râpé	1/2 tasse
75 ml	d'eau froide	5 c. à soupe

4	grosses pommes pelées en tranches	4
175 ml	de sucre	3/4 de tasse
2 ml	de cannelle	1/2 c. à thé
30 ml	de jus de citron	2 c. à soupe
1 ml	de muscade	1/4 de c. à thé

Préparer l'abaisse en tamisant ensemble la farine et le sel. Incorporer la graisse en la travaillant à la fourchette jusqu'à ce que le mélange soit granulé. Procéder de même avec le beurre et le fromage. Incorporer l'eau froide. Pétrir la pâte et la placer 20 minutes au réfrigérateur.

Beurrer et saupoudrer de farine une assiette à tarte profonde de 22 cm (9 po). Rouler la moitié de la pâte en une abaisse et foncer l'assiette à tarte; découper les bords et saupoudrer le fond de farine. Garnir de tranches de pommes et couvrir du sucre, de la cannelle, du jus de citron et de la muscade. Rouler une seconde abaisse aux dimensions de l'assiette avec la pâte qui reste. Recouvrir la tarte avec cette seconde abaisse. Découper et denteler les bords. Cuire 20 minutes à 215 °C (425 °F). Réduire la chaleur à 180 °C (350 °F) et cuire encore 35 minutes. Servir avec de la crème fraîche.

TARTE AUX POMMES FRANÇAISE
6 portions

1	abaisse de tarte de 22 cm (9 po)	1
250 ml	de crème pâtissière	1 tasse
6	grosses pommes en quartiers minces	6
15 ml	de beurre	1 c. à soupe
125 ml	de sucre	1/2 tasse
	gelée d'abricot	

Foncer une assiette à tarte. Remplir avec la crème pâtissière.

Faire sauter la moitié des pommes avec le beurre jusqu'à coloration, environ 4, 5 minutes. Ajouter 75 ml (5 c. à soupe) de sucre et verser sur la crème pâtissière. Disposer en couronne le restant des pommes et saupoudrer avec le reste du sucre.

Cuire au four à 180 °C (350 °F). Laisser refroidir et badigeonner avec la gelée d'abricot chaude.

TOURTE DU VERGER AUX POMMES ET ABRICOTS
6 portions

1	croûte de pâte sablée pour une tarte de 22 cm (9 po)	1
4	pommes pelées, en tranches	4
10	abricots en moitiés	10
15 ml	de beurre ramolli	1 c. à soupe
125 ml	de sucre	1/2 tasse
30 ml	de farine	2 c. à soupe
1	œuf	1
60 ml	de crème 35 %	4 c. à soupe

Garniture:

30 ml	de sucre	2 c. à soupe
15	amandes	15

Préparer la recette de pâte sablée selon la recette, p. 87.

Foncer une assiette à tarte graissée et enfarinée en laissant largement dépasser la pâte autour. Piquer le fond.

Dans un bol, mélanger les pommes, les abricots, le beurre, le sucre et la farine. Déposer les fruits dans la croûte.

Mélanger la crème et l'œuf et verser par-dessus. Rabattre le pourtour de pâte et le badigeonner d'un peu d'œuf battu.

Cuire au four à 180 °C (350 °F). Après 30 minutes, retirer du four. Saupoudrer de sucre, piquer les amandes dans les fruits et faire dorer sous le gril 3 minutes.

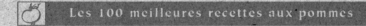

Les 100 meilleures recettes aux pommes

Gâteaux

GÂTEAU RENVERSÉ AUX POMMES
6 portions

175 ml	de beurre	3/4 de tasse
175 ml	de cassonade	3/4 de tasse
3	pommes	3
12	cerises	12
100 ml	de sucre	1/3 de tasse
1	œuf battu	1
75 ml	de mélasse	1/4 de tasse
250 ml	de farine	1 tasse
5 ml	de poudre à pâte	1 c. à thé
2 ml	de bicarbonate de soude	1/2 c. à thé
1/2 ml	de sel	1/8 de c. à thé
5 ml	de gingembre en poudre	1 c. à thé
2 ml	de cannelle	1/2 c. à thé
100 ml	d'eau bouillante	1/3 de tasse

Fondre 50 ml (1/4 de tasse) de beurre dans un plat allant au four; y ajouter la cassonade et cuire 1 minute pour dissoudre la cassonade.

Peler et enlever le cœur des pommes; couper chaque pomme en 4 rondelles épaisses et placer une cerise dans chaque trou. Disposer les rondelles dans le mélange de beurre et de cassonade.

Défaire le beurre restant en crème; ajouter le sucre en battant toujours. Ajouter l'œuf et la mélasse; battre parfaitement. Mélanger et tamiser les ingrédients secs et les ajouter au mélange. Ajouter l'eau bouillante en brassant rapidement.

Verser le tout sur les pommes et cuire au four à 160 °C (325 °F) environ 40 minutes. Lorsque le gâteau est cuit, le laisser tiédir et le renverser sur une assiette de service.

GÂTEAU AUX POMMES DE SAINT-HILAIRE

12 portions

125 ml	de beurre	1/2 tasse
125 ml	de graisse végétale	1/2 tasse
500 ml	de sucre	2 tasses
625 ml	de compote de pommes non sucrée, froide	2 1/2 tasses
750 ml	de farine	3 tasses
10 ml	de bicarbonate de soude	2 c. à thé
5 ml	de clou de girofle en poudre	1 c. à thé
5 ml	de poudre à pâte	1 c. à thé
5 ml	de cannelle	1 c. à thé
500 ml	de raisins de Corinthe	2 tasses
125 ml	d'amandes hachées	1/2 tasse

Défaire le beurre et la graisse végétale en crème. Ajouter le sucre et la compote de pommes. Tamiser les ingrédients secs et les incorporer en battant fermement. Ajouter les raisins et les amandes.

Verser dans un moule rond beurré de 22 cm (9 po). Cuire au four à 160 °C (325 °F) pendant 1 heure; éteindre le four et attendre 15 minutes avant de sortir le gâteau.

GÂTEAU AUX POMMES
À LA SUÉDOISE
9 à 12 portions

300 ml	de cassonade	1 1/4 tasse
250 ml	de beurre ramolli	1 tasse
425 ml	de farine	1 3/4 tasse
125 ml	de chapelure fine	1/2 tasse
5 ml	de sel	1 c. à thé
15 ml	de fécule de maïs	1 c. à soupe
5 ml	de cannelle	1 c. à thé
1 l	de pommes pelées, râpées	4 tasses
5 ml	de zeste de citron	1 c. à thé
2	jaunes d'œufs battus	2
250 ml	de confiture de framboises	1 tasse
2	blancs d'œufs	2
30 ml	de sucre en poudre	2 c. à soupe
125 ml	d'amandes pelées, taillées en allumettes	1/2 tasse

À l'aide d'une fourchette, mélanger 125 ml (1/2 tasse) de cassonade et le beurre, puis incorporer la farine, la chapelure et le sel. Travailler avec les doigts jusqu'à l'obtention d'un mélange grumeleux.

Mettre le tiers de ce mélange en pressant fermement et uniformément dans le fond d'un moule beurré de 33 cm x 25 cm x 5 cm (13 po x 9 1/2 po x 2 po). Mettre de côté le reste du mélange. Cuire au four pendant 5 minutes, à 190 °C (375 °F).

Dans un bol, mélanger le reste de la cassonade, la fécule de maïs et la cannelle. Ajouter les pommes, le zeste de citron et les jaunes d'œufs.

Étendre sur le gâteau déjà cuit et parsemer dessus le reste du mélange grumeleux. Cuire au four à 160 °C (325 °F) pendant environ 40 minutes ou jusqu'à ce que la préparation soit prise et légèrement brunie.

Couvrir le gâteau de la confiture de framboises. Battre les blancs d'œufs et 1 pincée de sel jusqu'à ce qu'ils soient mousseux. Ajouter petit à petit le sucre en poudre et battre jusqu'à ce que la meringue soit ferme et brillante.

Déposer par petits monticules sur la confiture et étendre uniformément. Parsemer des amandes. Cuire au four 10 minutes à 205 °C (400 °F) ou jusqu'à ce que la meringue soit légèrement brunie. Laisser refroidir et servir.

GÂTEAU AUX FRUITS ET AU *MINCEMEAT*

10 portions

1	bocal de *mincemeat* de 795 ml (28 oz)	1
1	boîte de lait condensé de 426 ml (15 oz)	1
2	œufs battus	2
250 ml	de pommes en dés	1 tasse
250 ml	d'écorces et de fruits confits	1 tasse
125 ml	de cerises vertes confites en moitiés	1/2 tasse
125 ml	d'ananas confits en dés	1/2 tasse
250 ml	d'amandes hachées	1 tasse
125 ml	de noix du Brésil hachées	1/2 tasse
625 ml	de farine	2 1/2 tasses
5 ml	de poudre à pâte	1 c. à thé
2 ml	de sel	1/2 c. à thé
30 ml	de sirop de maïs chaud	2 c. à soupe
	quelques cerises confites et amandes pour la décoration	

Dans un grand bol, mélanger le *mincemeat*, le lait condensé, les œufs, les pommes, les écorces et fruits confits, les cerises confites, l'ananas confit, les amandes hachées et les noix du Brésil hachées. Tamiser ensemble les ingrédients secs et incorporer au premier mélange.

Verser dans un moule tubulaire graissé doublé d'un papier ciré. Cuire à 150 °C (300 °F). Après 2 heures 15 minutes de cuisson, retirer le gâteau du four et badigeonner le dessus avec le sirop de maïs chaud. Remettre au four 5 minutes pour donner un aspect glacé au gâteau.

Démouler et décorer des cerises confites et des amandes. Laisser refroidir, enlever le papier ciré et couvrir de papier d'aluminium. Garder au réfrigérateur 2 ou 3 jours avant de servir.

Desserts

GRANDS-PÈRES AU SIROP D'ÉRABLE

4 portions

375 ml	de farine	1 1/2 tasse	
1	pincée de sel	1	
5 ml	de poudre à pâte	1 c. à thé	
2 ml	de bicarbonate de soude	1/2 c. à thé	
2	œufs battus	2	
250 ml	de compote de pommes	1 tasse	
500 ml	de sirop d'érable	2 tasses	

Mélanger ensemble la farine, le sel, la poudre à pâte et le bicarbonate de soude.

Battre les œufs, les mélanger à la compote de pommes. Incorporer petit à petit les ingrédients secs jusqu'à obtention d'une pâte.

Faire chauffer le sirop d'érable dans une casserole. Dès qu'il bout, déposer la pâte par cuillerées, laisser cuire environ 10 à 12 minutes. Retirer les grands-pères et jeter d'autres cuillerées de pâte dans le sirop.

Passer au tamis le liquide de cuisson et servir comme sauce avec les grands-pères.

BEIGNETS AUX POMMES
20 beignets

250 ml	de farine	2 tasses
2 ml	de sel	1/2 c. à thé
1	œuf	1
250 ml	de bière	1 tasse
2	blancs d'œufs battus	2
5	pommes pelées, en rondelles	5
	huile végétale pour la friture	
	sucre en poudre pour saupoudrer	

Dans un bol à mélanger, verser la farine. Ajouter le sel, l'œuf et la bière, et battre. Incorporer les blancs d'œufs sans trop battre.

Tremper les rondelles de pommes dans la pâte, puis faire frire au plus 4 ou 5 beignets à la fois en friture profonde dans l'huile chauffée à 190 °C (375 °F). Lorsque les beignets remontent à la surface, les retourner et les laisser frire des deux côtés jusqu'à ce qu'ils soient légèrement dorés (3 minutes en tout). Égoutter sur un papier absorbant.

Pour glacer les beignets, les disposer sur une plaque de métal, les saupoudrer généreusement de sucre en poudre. Placer sous le gril 1 minute en les surveillant jusqu'à ce que le sucre fonde. Servir chaud.

BEIGNETS AUX POMMES DES CANTONS DE L'EST

12 beignets

2	grosses pommes	2	
125 ml	de rhum	1/2 tasse	
125 ml	de sucre	1/2 tasse	
250 ml	de farine	1 tasse	
5 ml	de poudre à pâte	1 c. à thé	
2 ml	de sel	1/2 c. à thé	
3	œufs	3	
125 ml	de lait	1/2 tasse	
	huile végétale pour la friture		
	sucre pour saupoudrer		

P eler les pommes, les trancher (12 tranches en tout) et en enlever le cœur. Tremper dans le rhum puis dans le sucre et laisser reposer.

Tamiser les ingrédients secs. Battre les œufs et le lait et ajouter aux ingrédients secs pour que le mélange devienne bien lisse.

Tremper chaque tranche de pomme dans la pâte et plonger dans l'huile chauffée à 190 °C (375 °F) jusqu'à ce que chaque côté soit bien doré, environ 3 à 4 minutes. Égoutter sur un papier absorbant.

Saupoudrer de sucre et servir très chaud.

BOUCHÉES AU GRUAU ET AUX POMMES

48 bouchées

125 ml	de beurre ramolli	1/2 tasse
100 ml	de sucre	1/3 de tasse
2	œufs	2
250 ml	de farine	1 tasse
5 ml	de poudre à pâte	1 c. à thé
5 ml	de cannelle	1 c. à thé
2 ml	de muscade	1/2 c. à thé
2 ml	de sel	1/2 c. à thé
250 ml	de flocons d'avoine (gruau)	1 tasse
250 ml	de pommes râpées	1 tasse
125 ml	de dattes hachées	1/2 tasse
250 ml	de noix hachées	1 tasse

Battre ensemble le beurre, le sucre et les œufs.

Tamiser ensemble la farine, la poudre à pâte, la cannelle, la muscade, le sel, et incorporer au premier mélange.

Ajouter les flocons d'avoine, les pommes, les dattes et les noix, et bien mélanger.

Déposer par grosses cuillerées sur une plaque à biscuits légèrement graissée. Cuire au four à 180 °C (350 °F) 15 minutes environ ou jusqu'à ce qu'une légère pression du doigt à la surface des bouchées ne laisse aucune empreinte.

FRUIT EN BULLES
4 portions

1	sachet de gélatine sans saveur	1
425 ml	de nectar de pomme	1 3/4 tasse
75 ml	d'eau bouillante	1/4 de tasse
2	pommes Melba en morceaux	2

Dans un grand bol, soupoudrer la gélatine dans 75 ml (1/4 de tasse) de nectar. Laisser reposer jusqu'à ce que la gélatine soit mouillée. Ajouter l'eau bouillante. Brasser sans arrêt jusqu'à dissolution complète de la gélatine. Ajouter le reste du nectar de pomme. Laisser prendre 1 heure au réfrigérateur en brassant de temps en temps jusqu'à consistance d'un blanc d'œuf non battu.

Incorporer les pommes au mélange de gélatine. Verser dans un moule ou dans des coupes individuelles. Laisser prendre au réfrigérateur.

MOUSSE AUX POMMES ET À L'ÉRABLE
6 portions

250 ml	de crème 35 %	1 tasse
1	sachet de gélatine sans saveur	1
75 ml	d'eau bouillante	1/4 de tasse
75 ml	de sirop d'érable	1/4 de tasse
250 ml	de yaourt nature	1 tasse
	cannelle au goût	
2	pommes en cubes	2

Fouetter la crème dans un bol. Lorsqu'elle est bien ferme, y incorporer la gélatine préalablement délayée dans l'eau bouillante. Bien mélanger. Ajouter le sirop d'érable, le yaourt et la cannelle. Mélanger doucement avec une cuillère en bois.

Répartir les pommes dans 6 bols, couvrir de la mousse et réfrigérer pendant au moins 1 heure avant de servir.

Variante:
Placer la mousse au congélateur, servir en coupe glacée décorée de noix ou de pacanes et arroser de sirop d'érable.

CLAFOUTIS AUX POMMES DES HALLES
6 portions

5	jaunes d'œufs	5
100 ml	de farine tamisée	1/3 de tasse
1	pincée de sel	1
100 ml	de sucre	1/3 de tasse
30 ml	d'eau de fleurs d'oranger	2 c. à soupe
5 ml	d'extrait de vanille	1 c. à thé
500 ml	de lait	2 tasses
3	blancs d'œufs	3
3	pommes	3
30 ml	de sucre	2 c. à soupe

Mettre dans un bol les jaunes d'œufs, la farine et le sel en brassant pour former une pâte homogène.

Ajouter le sucre, l'eau de fleurs d'oranger et l'extrait de vanille.

Mélanger et verser peu à peu le lait bouillant. Lorsque le mélange est bien lisse, ajouter les blancs d'œufs battus en neige ferme.

Peler les pommes et les couper en quatre, puis en tranches.

Beurrer un plat allant au four et y verser la préparation. Éparpiller les tranches de pommes, qui s'enfonceront plus ou moins dans le mélange.

Mettre au four 30 minutes, à 190 °C (375 °F). Servir encore tiède saupoudré de sucre.

STRUDEL AUX POMMES
8 portions

125 ml	de raisins secs	1/2 tasse
45 ml	de rhum (si désiré)	3 c. à soupe
	pâte brisée ou feuilletée (pour double tarte)	
6	pommes pelées, en tranches	6
175 ml	de sucre	3/4 de tasse
1	pincée de cannelle	1
15 ml	de zeste de citron	1 c. à soupe
125 ml	de noix hachées	1/2 tasse
1	jaune d'œuf délayé dans un peu d'eau	1

Faire gonfler les raisins dans le rhum ou dans un peu d'eau. Étendre la pâte en un rectangle de 35 cm x 25 cm (14 po x 10 po) environ.

Couvrir la pâte de pommes, saupoudrer de sucre, d'une pincée de cannelle, de zeste de citron, de raisins secs et de noix.

Rouler pour obtenir un cylindre. Souder les extrémités de la pâte avec un peu d'eau et bien pincer avec les doigts. Déposer à plat sur la tôle à pâtisserie le côté qui termine le rouleau. Inciser le dessus et badigeonner de jaune d'œuf.

Faire cuire à 190 °C (375 °F) environ 45 minutes. Sortir du four. Laisser refroidir et couper en tranches.

SOUFFLÉ AU FROMAGE BLANC, AUX PRUNEAUX ET À LA MOUSSE DE POMMES

4 portions

18	pruneaux	18
2 + 1	pincées de cannelle	2 + 1
125 ml	de miel	1/2 tasse
3	pommes	3
2 ml	d'extrait de vanille	1/2 c. à thé
30 ml	de beurre	2 c. à soupe
2	blancs d'œufs	2
200 g	de fromage en crème	1/2 lb
75 ml	de noix hachées	1/4 de tasse
3	jaunes d'œufs	3
12	demi-noix pour la décoration	12
60 ml	de farine de blé entier	4 c. à soupe
	menthe fraîche	

Faire chauffer 500 ml (2 tasses) d'eau et y plonger les pruneaux. Ajouter 1 pincée de cannelle et 50 ml (1/4 de tasse) de miel. Laisser refroidir. Réserver.

Peler les pommes, en enlever le cœur et les couper en dés. Faire chauffer 1 l (4 tasses) d'eau et y plonger les pommes. Ajouter 45 ml (3 c. à soupe) de miel, 2 pincées de cannelle et la vanille. Laisser mijoter 8 minutes.

Passer au mélangeur pour obtenir une purée. Ajouter 15 ml (1 c. à soupe) de beurre et réserver. Réserver 12 pruneaux pour la décoration. Quand ils sont cuits, broyer les 6 autres pruneaux.

Mélanger ensemble les jaunes d'œufs et le fromage en crème. Monter les blancs en neige ferme. À l'aide d'une spatule, incorporer délicatement les blancs battus au mélange de fromage. Ajouter les noix hachées.

Graisser 4 moules avec du beurre ramolli. Tapisser l'intérieur de farine. Remplir les moules aux trois quarts du mélange au fromage.

Placer les moules dans un récipient d'eau et mettre dans un four préchauffé à 180 °C (350 °F) pendant 30 minutes.

Verser la purée de pommes dans les assiettes. Ajouter les soufflés et un peu de jus de cuisson des pruneaux. Décorer avec les 12 pruneaux, les 12 demi-noix et quelques feuilles de menthe.

POMMES EN CHEMISE
6 portions

Pâte:

500 ml	de farine	2 tasses
5 ml	de sel	1 c. à thé
150 ml	de graisse végétale	2/3 de tasse
105 ml	de crème 35 %	7 c. à soupe

Garniture:

75 ml	de flocons d'avoine (gruau)	1/4 de tasse
75 ml	de cassonade	1/4 de tasse
75 ml	de farine	1/4 de tasse
1 ml	de cannelle	1/4 de c. à thé
30 ml	de beurre	2 c. à soupe

Sauce:

300 ml	de cidre de pomme	1 1/4 tasse
300 ml	de sucre	1 1/4 tasse
1 ml	de cannelle	1/4 de c. à thé

Pommes:

6	grosses pommes	6
125 ml	de raisins secs	1/2 tasse
1 ml	de cannelle	1/4 de c. à thé
2 ml	de muscade	1/2 c. à thé

Pâte:

Préparer de la même manière qu'une pâte à tarte ordinaire. Couper la pâte en 6 parts. Rouler chacune pour former une rondelle de 17 cm (7 po) de diamètre. Mettre de côté.

Garniture:

Mélanger tous les ingrédients secs et incorporer le beurre pour former un mélange qui ressemble à de la chapelure.

Sauce:

Mélanger le cidre, le sucre et la cannelle et faire chauffer seulement pour dissoudre le sucre.

Préparation:

Peler les pommes et les creuser pour retirer les pépins et les cœurs. Mettre dans la cavité de chacune quelques raisins secs enrobés de cannelle et de muscade et 1/6 du mélange à garniture.

Mouiller la bordure de chaque rondelle. Envelopper la pomme avec la pâte. Bien mouler la pâte contre la pomme jusqu'au bord. Replier la pâte sur elle-même afin de laisser à découvert le dessus de la pomme.

Disposer les pommes dans un moule. Cuire au four à 180 °C (350 °F) durant 20 minutes. Verser la sauce autour des pommes en chemise et continuer la cuisson pendant encore 25 minutes.

Servir très chaud accompagné de la sauce.

CHAUSSONS AUX POMMES
6 chaussons

750 ml	de pommes pelées, en dés	3 tasses

Chaussons:

675 ml	de farine	2 3/4 tasses
15 ml	de poudre à pâte	1 c. à soupe
5 ml	de sel	1 c. à thé
150 ml	de graisse végétale	2/3 de tasse
250 ml	de lait	1 tasse

Garniture:

125 ml	de sucre	1/2 tassé
2 ml	de cannelle	1/2 c. à thé
1 ml	de muscade	1/4 de c. à thé
30 ml	de beurre mou	2 c. à soupe

Sirop:

125 ml	de sucre	1/2 tasse
50 ml	de jus de pomme	1/4 de tasse
1/2 ml	de cannelle	1/8 de c. à thé
1/2 ml	de muscade	1/8 de c. à thé
30 ml	de beurre	2 c. à soupe

Dans un bol, mélanger la farine, la poudre à pâte et le sel. Couper la graisse végétale dans les ingrédients secs à l'aide d'un couteau à pâtisserie ou de deux couteaux, jusqu'à texture granulée. Ajouter le lait d'un seul trait et remuer juste assez pour humidifier.

Déposer la pâte sur une planche légèrement enfarinée et la pétrir délicatement environ 20 fois. Abaisser en un rectangle de 35 cm x 45 cm x 5 mm (12 po x 18 po x 1/4 po) d'épaisseur; couper en 6 carrés de 15 cm (6 po).

Mélanger les ingrédients de la garniture à la fourchette. Mettre de côté.

Mettre 125 ml (1/2 tasse) de pommes au centre de chaque carré de pâte; couvrir de garniture. Replier les coins de chaque carré vers le centre et bien sceller les bords en les pinçant; piquer le dessus à la fourchette. Déposer les chaussons sur une plaque en métal graissée.

Pour la sauce, mélanger tous les ingrédients dans une casserole. Cuire à feu moyen en remuant jusqu'à ce que le sucre soit dissous et la sauce épaissie. Retirer du feu et verser sur les chaussons. Cuire à 190 °C (375 °F) de 30 à 40 minutes. Servir chaud ou froid avec de la crème fraîche.

NAPOLÉON
20 portions

Pâte:

750 ml	de farine	3 tasses
2	œufs	2
500 g	de beurre doux	1 lb
45 ml	d'eau froide	3 c. à soupe
1 ml	de sel	1/4 de c. à thé

Pommes:

5	pommes râpées	5
30 ml	de sucre	2 c. à soupe
2 ml	d'extrait de vanille	1/2 c. à thé

Crème pâtissière:

4	jaunes d'œufs	4
175 ml	de sucre	3/4 de tasse
250 ml	de lait	1 tasse
250 g	de beurre doux	1/2 lb
5 ml	d'extrait de vanille	1 c. à thé

Pâte:

Sur une planche, incorporer la farine, le sel et le beurre avec un couteau à pâtisserie. Lorsque le mélange devient granulé, creuser un puits au centre, y verser 1 œuf et 15 ml (1 c. à soupe) d'eau froide. Hacher de nouveau. Répéter 2 fois. Séparer en 7 parts et placer au réfrigérateur 6 heures et plus.

Sortir la pâte quelques minutes avant de la rouler. Découper 7 ronds de 30 cm (12 po) de diamètre dans du papier ciré. Rouler 7 croûtes d'égale grandeur. Les déposer sur le papier ciré, à l'aide d'une fourchette piquer, et les cuire 10 minutes au four à 180 °C (350 °F).

Pommes:
Mettre tous les ingrédients dans une casserole et cuire à feu doux pendant 20 minutes. Refroidir et placer au réfrigérateur.

Crème pâtissière:
Dans un bol, battre ensemble les jaunes d'œufs et le sucre. Faire bouillir le lait au bain-marie. Ajouter peu à peu le mélange des œufs et cuire en remuant constamment jusqu'à consistance onctueuse, environ 20 minutes. Laisser reposer.

Mettre en crème le beurre et incorporer à la crème tiède. Ajouter la vanille. Réfrigérer pendant au moins 2 heures pour que la crème pâtissière prenne.

Assemblage:
Couper les croûtes en ronds identiques; conserver les restants de pâte. Tartiner les étages en alternant crème, croûte, puis pommes, pour terminer par la crème.

Émietter les restants de pâte et saupoudrer de sucre en poudre. Ce gâteau peut se conserver au réfrigérateur jusqu'à 3 jours.

Pour faciliter le découpage du gâteau, couper un petit cercle au centre avant de diviser les parts.

CHARLOTTE AUX POMMES
4 portions

6	tranches de pain	6
125 ml	de beurre fondu	1/2 tasse
500 ml	de compote de pommes assez épaisse	2 tasses
375 ml	de sauce anglaise	3/4 de tasse

Retirer la croûte des tranches de pain et couper 3 tranches en triangles. Tremper dans le beurre et couvrir le fond d'un moule à charlotte de la moitié des triangles (il faut que la pointe des triangles arrive au centre du moule). Bien les tasser. Les disposer se chevauchant légèrement pour couvrir complètement.

Tailler le reste du pain en rectangles de la largeur de 2 doigts et de la hauteur du moule. Les placer tout autour comme pour le fond, en les faisant se chevaucher après les avoir trempés dans le beurre fondu.

Préparer une compote assez épaisse et, si nécessaire, l'épaissir avec des miettes de biscuits. Verser la compote dans le moule; terminer avec les triangles de pain restant beurré.

Cuire au four environ 45 minutes à 190 °C (375 °F). Il faut que le pain autour soit suffisamment séché pour soutenir les pommes dorées.

Démouler sur un plat et servir avec une sauce anglaise parfumée au calvados ou au kirsch si on le désire ou simplement avec de la crème sure.

POUDING AU PAIN ET AUX POMMES
6 portions

175 ml	de cassonade	3/4 de tasse
1 ml	de sel	1/4 de c. à thé
1 ml	de cannelle	1/4 de c. à thé
1 ml	de muscade	1/4 de c. à thé
75 ml	d'eau	1/4 de tasse
15 ml	de jus de citron	1 c. à soupe
500 ml	de pain en dés	2 tasses
45 ml	de beurre fondu	3 c. à soupe
1 l	de pommes pelées, en quartiers	4 tasses

Mélanger la cassonade, le sel, la cannelle, la muscade, l'eau et le jus de citron. Enrober le pain de beurre fondu.

Beurrer un plat à four. Déposer en couches successives les pommes, le pain et le mélange de cassonade. Couvrir le plat d'un papier d'aluminium et cuire à 180 °C (350 °F) environ 30 minutes. Retirer le papier et cuire encore de 10 à 15 minutes ou jusqu'à ce que les pommes soient tendres.

CROUSTADE DE POMMES
6 portions

1 l	de pommes pelées et tranchées	4 tasses
125 ml	de sucre	1/2 tasse
10 ml	de jus de citron	2 c. à thé
30 ml	d'eau	2 c. à soupe
60 ml	de beurre	4 c. à soupe
125 ml	de cassonade bien tassée	1/2 tasse
100 ml	de farine	1/3 de tasse
175 ml	de flocons d'avoine (gruau)	3/4 de tasse

Déposer les pommes dans un plat beurré et saupoudrer de sucre. Arroser du jus de citron mélangé à l'eau.

Défaire le beurre en crème, ajouter la cassonade, incorporer la farine et le gruau. Étendre sur les pommes.

Cuire environ 35 minutes à 190 °C (375 °F).

POMMES MERINGUÉES
6 portions

500 ml	de lait	2 tasses
250 ml	de sucre	1 tasse
1	pincée de sel	1
15 ml	d'extrait de vanille	1 c. à soupe
250 ml	de riz	1 tasse
4	jaunes d'œufs	4
4	pommes pelées, en moitiés	4
75 ml	d'eau	1/4 de tasse
4	blancs d'œufs	4
15 ml	de sucre en poudre	1 c. à soupe
2 ml	de cannelle (facultatif)	1/2 c. à thé

Faire chauffer le lait avec 45 ml (3 c. à soupe) de sucre, le sel et la vanille.

Faire cuire le riz 5 à 6 minutes dans l'eau bouillante; égoutter le riz et le verser dans le lait chaud. Cuire 30 minutes à feu doux. Quand le riz a bien absorbé le lait, hors du feu y ajouter 4 jaunes d'œufs battus. Laisser refroidir un peu.

Faire pocher les pommes dans un sirop fait de 75 ml (1/4 de tasse) de sucre et de 75 ml (1/4 de tasse) d'eau. Quand les pommes sont cuites, les égoutter.

Sur un plat rond, disposer le riz en pressant bien avec les mains pour lui donner la forme d'un gâteau. Disposer les pommes en couronne. Battre en neige ferme les blancs d'œufs avec le restant de sucre. Étendre la meringue et couvrir entièrement le gâteau. Saupoudrer de sucre et de cannelle.

Passer au four 45 minutes à 150 °C (300 °F), juste ce qu'il faut pour faire sécher la meringue sans la durcir.

DESSERT CHOCOLATÉ AUX POMMES
8 portions

500 ml	de farine	2 tasses
75 ml	de cacao	1/4 de tasse
20 ml	de poudre à pâte	4 c. à thé
1 ml	de sel	1/4 de c. à thé
100 ml	d'huile	1/3 de tasse
175 ml	de lait	3/4 de tasse
3	pommes pelées, en morceaux	3
2 ml	de cannelle	1/2 c. à thé
150 ml	de cassonade	2/3 de tasse
30 ml	de beurre	2 c. à soupe
	crème 35 %	

Dans un bol, tamiser la farine, le cacao, la poudre à pâte et le sel. Battre l'huile et le lait avec une fourchette et verser sur le mélange de cacao. Mêler les ingrédients et pétrir 10 fois.

Déposer la pâte dans un moule carré de 20 cm (8 po) graissé. Presser avec les doigts pour étendre la pâte dans les coins. Presser les morceaux de pommes dans la pâte. Mélanger la cannelle, la cassonade, et saupoudrer sur les pommes. Mettre le beurre en noisettes sur le gâteau.

Cuire au four 10 minutes à 190 °C (375 °F) et 20 minutes à 160 °C (325 °F). Servir chaud avec la crème.

Les 100 meilleures recettes aux pommes

Conserves et marinades

COMPOTE TRADITIONNELLE

12	grosses pommes pelées, en morceaux	12
250 ml	de sucre (ou plus au goût)	1 tasse
125 ml	d'eau	1/2 tasse
15 ml	d'extrait de vanille	1 c. à soupe
15 ml	de cannelle ou de muscade	1 c. à thé

Mettre les pommes dans une casserole. Ajouter le sucre. Ajouter l'eau, la vanille et la cannelle.

Cuire à feu doux jusqu'à ce que les pommes soient en compote. Passer au tamis ou broyer au mélangeur.

BEURRE DE POMMES

Environ 5 bocaux de 375 ml (1 1/2 tasse)

8	pommes	8
500 ml	de cidre	2 tasses
1 l	de sucre environ	4 tasses
10 ml	de cannelle	2 c. à thé
5 ml	de clous de girofle en poudre	1 c. à thé
2 ml	de quatre-épices	1/2 c. à thé

Verser le cidre dans une casserole. Couper les pommes en quartiers, sans les peler ou les évider, et les jeter dans le cidre. Amener à ébullition, réduire le feu et recouvrir. Faire mijoter, en tournant de temps en temps, pendant 25 minutes ou jusqu'à ce que les pommes soient tendres.

Passer au tamis les pommes au-dessus d'une grosse casserole. Pour chaque 250 ml (1 tasse) de pulpe obtenue, ajouter 125 ml (1/2 tasse) de sucre, puis incorporer la cannelle, le clou de girofle et le quatre-épices. Cuire à feu modéré (en tournant de temps en temps) pendant 4 heures ou jusqu'à ce que le beurre de pommes ait une consistance épaisse.

KETCHUP AUX FRUITS
Environ 6 bocaux de 375 ml (1 1/2 tasse)

15	tomates rouges	15
3	pêches	3
4	pommes ou 2 pommes et 2 poires pelées, en dés	4
1/2	céleri en dés	1/2
2 ml	de sel	1/2 c. à thé
750 ml	de sucre	3 tasses
5	oignons en cubes	5
425 ml	de vinaigre	1 3/4 tasse
30 ml	d'épices pour marinades	2 c. à soupe
	dans un petit sac de coton	

É bouillanter les tomates et les éplucher. Couper en tout petits cubes.

Mettre dans une marmite. Ajouter les pêches, les pommes, le céleri, le sel, le sucre, les oignons, le vinaigre, les épices pour marinades et cuire à feu moyen jusqu'à ce que les fruits soient cuits, mais non défaits.

Verser dans des bocaux stérilisés et paraffiner avant de sceller.

SAUCE CHILI

Environ 6 bocaux de 375 ml (1 1/2 tasse)

12	tomates bien mûres pelées, en morceaux	12
6	pommes pelées, en morceaux	6
1/2	céleri, en dés	1/2
1	poivron rouge en lanières	1
1	poivron vert en lanières	1
875 ml	de sucre	3 1/2 tasses
250 ml	de vinaigre	1 tasse
125 ml	de vinaigre de cidre	1/2 tasse
2 ml	de gingembre	1/2 c. à thé
6	oignons espagnols pelés, émincés	6
5 ml	de cannelle	1 c. à thé
1/2 ml	de cayenne	1/8 de c. à thé
30 ml	d'épices pour marinades	2 c. à soupe
	dans un petit sac de coton	

Méttre tous les ingrédients dans une marmite et cuire à feu moyen jusqu'à ce que le céleri soit tendre. Verser dans des bocaux stérilisés et paraffiner avant de sceller.

CONCOMBRES CROQUANTS AU VINAIGRE DE CIDRE

1,5 kg	de petits concombres tranchés	3 lb
2	oignons moyens émincés	2
1 1/2	poivron vert en cubes	1 1/2
75 ml	de gros sel	1/4 de tasse
	glaçons	

Marinade:

500 ml	de sucre	2 tasses
375 ml	de vinaigre de cidre	1 1/2 tasse
10 ml	de graines de céleri	2 c. à thé
5 ml	de curcuma	1 c. à thé
10 ml	de cannelle	2 c. à thé

Placer dans un bol les légumes avec le gros sel. Laisser tremper 3 heures couverts des glaçons. Égoutter dans une passoire.

Dans une casserole, porter à ébullition tous les ingrédients de la marinade.

Ajouter les légumes et laisser bouillir pendant au plus 15 minutes. Verser dans des pots chauds, stérilisés et sceller.

GELÉE DE PELURES DE POMMES

pelures et cœurs de pommes
eau
sucre
jus de citron

Mettre dans une casserole les pelures et les cœurs de pommes. Couvrir d'eau. Porter à ébullition et réduire la chaleur pour laisser mijoter 45 minutes. Égoutter le jus dans un sac de coton sans presser, pendant plusieurs heures.

Mesurer le jus recueilli et prévoir 250 ml (1 tasse) de sucre et 5 ml (1 c. à thé) de jus de citron par 250 ml (1 tasse) de jus de pomme.

Verser dans une casserole et bouillir à feu vif. Écumer. La gelée est prête lorsque des gouttes de liquide chaud figent dans une assiette froide. Verser dans des bocaux et sceller.

Les 100 meilleures recettes aux pommes

Breuvages

BREUVAGE SANTÉ AU VINAIGRE DE CIDRE

1	verre d'eau chaude ou froide	1	
30 ml	de vinaigre de cidre	2 c. à soupe	
30 ml	de miel non pasteurisé	2 c. à soupe	

Mélanger et prendre tous les jours.

Le vinaigre de cidre nettoie et fortifie le corps. Il contribue au bon fonctionnement de notre système digestif. Il aide à faire dissoudre les dépôts calcaires et en favorise l'élimination. Par son acidité naturelle, le vinaigre de cidre aide notre organisme à se régénérer.

COUPES DE FRUITS AU CIDRE
18 coupes

125 ml	de jus de citron	1/2 tasse
125 ml	de jus d'orange	1/2 tasse
125 ml	de jus de framboise	1/2 tasse
1	bouteille de cidre	1
500 ml	d'eau gazéifiée	2 tasses
	tranches d'oranges ou de pommes	
	sucre et glace	

Mélanger tous les ingrédients, sucrer au goût et servir dans des coupes avec des glaçons.

BOISSON RAFRAÎCHISSANTE

8 verres

1 l	de jus de pomme	4 tasses
1	boîte de jus d'orange congelé	1
10 ml	de miel	2 c. à thé
15 ml	de zeste d'orange	1 c. à soupe
	glaçons	

Mettre les quatre ingrédients dans le vase du mélangeur à petite vitesse d'abord, puis terminer à grande vitesse. Laisser reposer quelques minutes et servir avec des glaçons.

GROG NORMAND
2 portions

375 ml	de cidre	1 1/2 tasse
30 ml	de calvados	2 c. à soupe
10 ml	de sucre (ou plus)	2 c. à thé

Sucrer à volonté le cidre bouillant et y verser à la dernière minute le calvados. Servir très chaud.

Verger d'Émilie
1257, rue Principale (Rougemont)
Tél.: (514) 469-2813
Une miniferme, une piste d'hébertisme et un charmant kiosque rempli de fines odeurs et d'une grande variété de produits.

Vinaigrerie Pierre Gingras
1132, Grande Caroline (Rougemont)
Tél.: (514) 469-4954
Outre le véritable vinaigre de cidre, Pierre Gingras propose de nombreux produits de la pomme et du miel. Visite guidée de la vinaigrerie et dégustation des produits.

Verger Mont-Rouge
300, rang de la Montagne (Rougemont)
Tél.: (514) 469-5267
Information et divertissement. On y trouve également des sous-produits de l'érable.

Vergers Mado
342, rang Haut-Corbin (Saint-Damase)
Tél.: (514) 797-3637
Avec ses 135 acres (55 ha), les vergers Mado sont parmi les plus gros producteurs de pommes au Québec. Ouvert au public depuis 1991.

Cidrerie Michel Jodoin
1130, Petite Caroline (Rougemont)
Tél.: (514) 469-2676
Le fameux cidre champenois! En plus de visiter les chais, on nous y offre une dégustation des cinq cidres qu'on y produit.

Érablière les 4 Feuilles
360, rang de la Montagne (Rougemont)
Tél.: (514) 469-4955
On y bouillonne d'activités durant le temps des sucres et le temps des pommes. Reconnue «Cuisine régionale», participant au programme «Pomme au menu».

Bistro St-Michel
175, rue Josée (Rougemont)
Tél.: (514) 469-3646
Simple et raffiné, reconnu pour sa qualité et ses prix, on y trouve toute l'année des mets à base de pommes.

Centre d'interprétation de la pomme du Québec (CIPQ)
Festival de la pomme de Rougemont
11, chemin Marieville (Rougemont)
Tél.: (514) 469-3600
Le CIPQ réalise des activités socio-éducatives et culturelles visant à mieux faire connaître la pomme et son univers. Quant au Festival de la pomme, il a lieu annuellement vers le 20 août. Ayant pour but de marquer le début des récoltes, il permet au grand public de visiter les différentes installations.

Table des matières

Achevé   Imprimerie
d'imprimer Gagné Ltée
au Canada Louiseville